正誤表

［誤］91頁脚注7，井上［1975］2-3頁
［正］井上［2008］2-3頁

参考文献追加

187頁，井上良二［2008］『新版財務会計論』税務経理協会。

渡邉　泉　著

会計学者の責任
——歴史からのメッセージ——

東京　森山書店　発行

　　　　　　ま　え　が　き

　金融資本を中心にした株主資本主義を批判し，ポスト金融資本主義とでもいう市民社会を志向する新しい著作がわが国でも相次いで散見されるようになった。例えば，原丈人［2017］『「公益」資本主義－英米型資本主義の終焉』文春新書，岩井克人［2014］『資本主義から市民主義へ』ちくま学芸文庫，［2006］『二十一世紀の資本主義論』ちくま学芸文庫，水野和夫［2014］『資本主義の終焉と歴史の危機』集英社新書，宇沢弘文［2013］『経済学は人びとを幸福にできるか』東洋経済新報社，ロベール・ボワイエ［2011］『金融資本主義の崩壊－市場絶対主義を超えて－』藤原書店，などを挙げることができる。

　金融資本主義といわれる経済体制のもとでは，貨幣が単なる交換の手段ではなく，有価証券やデリバティブといった形に姿を変えて，実体的な商品として売買される状況を生み出してきた。貨幣（お金）が貨幣（お金）を産み，ある特定の箇所への集中によって，富める者と貧しき者との経済的な格差が埋めきれないほどに拡大し，貧困による絶望や差別によって絶えることのない争いの連鎖が繰り返されている。

　かつて私は，日本会計研究学会における課題研究委員会の成果として世に問うた『歴史から見る公正価値会計』（森山書店，2013年）の序文で，2011年3月11日の東日本大震災の後で，繰り返しテレビで流された宮沢章二の原詩「あなたの〈こころ〉はどんな形ですか　と人に聞かれても答えようがない　自分にも他人にも〈こころ〉は見えない　けれどほんとうに見えないのであろうか　確かに〈こころ〉はだれにも見えない　けれど〈こころづかい〉は見えるのだ　それは人に対する積極的な行為だから　同じように胸の中の〈思い〉は見えないけれど〈思いやり〉はだれにでも見える　それも人に対する積極的な行為なの

だから　あたたかい心があたたかい行為に　やさしい思いがやさしい行為になるとき〈心〉も〈思い〉も初めて美しく生きる―それは人が人としていきることだ」（宮沢章二［2010］『行為の意味　青春前期のきみたちに』ごま書房新社，108-109頁）を引用した。

　われわれが生きていく上で真に大切なのは，「もの」の世界ではなく「こと」の世界である。しかし，現実の社会生活においては「こと」といった抽象的な世界だけで生きていくのは難しい。人は，空気を食べて生きていくことはできないからである。具体的な「もの」の世界の誘惑につい心を奪われてしまう。「こと」の世界は見えないが，「もの」の世界なら誰もが手にすることできるからである。もちろん，宮沢の思いのように，両者が一致すればいうことはない。先人が教えてくれる近江商人の経営理念「三方よし」は，この思いに近い考えなのだろう。

　われわれの研究対象である会計学の分野においても，グローバリゼイションという名のもとに，具体的な「もの」を示す貸借対照表を中心にした価値観が国際基準として広く市民権を得てきているのも，こうした状況を反映しているからであろうか。「心は見えないけれど心遣いは見える」というのは，あるべき姿を追い求めていく当為の世界だけでは空腹を満たすことができず，現実にありうる世界，実現可能な世界を視野に入れることへの対応を示唆しているのであろう。ただ怖いのは，貸借対照表における「もの」の具体的な資産を手に入れたいという欲望には限りがあるが，その終着点である貨幣（お金）で表示される利益に対する欲望には，際限がない。まさしく利益とは，化け物なのである。この底なしの欲望という名の得体のしれない怪物をできるだけ大きくしていくために，その動きを記録し，計算し，報告するシステムとして考え出されたのが会計なのかも知れない。

　それ故にこそ，会計の世界では，こうした利益という際限なき欲望を一定の制度や基準といった規制や慣習によってコントロールし，適正な分配のあり方

を追求していく必要がある。会計は，現実に起きた経済事象を単に記録するだけのシステムではない。企業活動を円滑に進めていくには，適正でバランスの取れた一般に公正妥当と認められたルールが必要になる。それが商法や会社法や金融商品取引法であり，それらの根幹になる会計原則やその具体的な指針である会計制度や会計基準なのである。それ故，この会計制度や会計基準の設定に当たっては，単に有用性とか目的適合性とかいった短絡的かつ実利的な要求だけではなく，また1部の投機家に対して便益を提供するだけではなく，多くの一般の人や社会に真に有益で信頼のできる制度や基準を設定していくことが必要になる。こうした信頼できる制度や基準を作成するのが会計学者や会計に携わる者の責任であり責務なのである。

　そこで大切になるのが会計学者やアカウンタント，ひいては経営者の職業としての価値感である。1部の限られた人の1次的な欲望に駆り立てられて，社会があらぬ方向に動き出したとき，われわれは，それを突き動かしている元凶にはっきりと「ノー」を突き付ける勇気を持たなければならない。

　本書の目的は，有用性や目的適合性が席巻している会計の現状と両者の重要性も十分に認識しながら，今日の金融資本主義といわれる経済体制のもとで，ごく1部の投機家の利益を優先することによって貧富の差を拡大させ，深刻な貧困や危機的な争いを引き起こす遠因にもなりかねない会計制度や会計基準の設定に関わってきた会計学者の社会的責任について，会計誕生の原点から見つめ直し，現実に受容可能な会計システムの方向を模索していくことにある。果たしてどこまで多くの人の思いに触れ合うことができたのか，心もとない限りではあるが。本書での問いかけが会計の歴史を専攻した1学徒からの問題提起と捉えて頂ければ幸いである。

　2019年麗日　過行くときに想いを馳せながら

書斎にて　渡　邉　　泉

目　次

第1章　会計800年の歴史を振り返って …………………………… 1
  1. はじめに ………………………………………………………… 1
  2. 複式簿記の誕生と完成 ………………………………………… 2
  3. 世界最初の簿記書『スンマ』 ………………………………… 7
  4. 複式簿記の進化 ………………………………………………… 11
  5. 18世紀に生じる新たな動向 …………………………………… 15
  6. 会計学の誕生 …………………………………………………… 18
  7. おわりに ………………………………………………………… 23

第2章　会計の沿革を論じたわが国初期の文献 …………………… 25
  1. はじめに ………………………………………………………… 25
  2. 日本最初の会計史文献『学課起源畧説』(1878) …………… 27
  3. 海野力太郎『簿記学起原考』(1886) ………………………… 30
  4. 『スンマ』出版年度に関するアンダーソンとドゥ・ラ・ポルトの相違 … 35
  5. 東奭五郎『新案詳解商業簿記』(1903) ……………………… 37
  6. 『商業会計・第壱輯』(1908)における会計史の論述 ……… 40
  7. おわりに ………………………………………………………… 41

第3章　取得原価主義会計と公正価値 ……………………………… 45
  1. はじめに ………………………………………………………… 45
  2. フロー計算の意義と発生基準による会計処理 ……………… 47
  3. 時価評価の登場 ………………………………………………… 51
  4. 評価損益の会計処理 …………………………………………… 55
  5. 市場価値測定の位置づけ ……………………………………… 58

6. おわりに …………………………………………………………… *62*

第4章　会計学の本来の役割 …………………………………………… *67*
1. はじめに ……………………………………………………………… *67*
2. 複式簿記の本来的役割 ……………………………………………… *68*
3. フィレンツェの期間組合における損益計算 ……………………… *71*
4. 複式簿記の本質と生成時期 ………………………………………… *73*
5. デフォーが提唱したいわゆる単式簿記 …………………………… *77*
6. おわりに ……………………………………………………………… *80*

第5章　信頼性（検証可能性）と有用性（目的適合性）の狭間 ……… *83*
1. はじめに ……………………………………………………………… *83*
2. 損益計算を支える信頼性 …………………………………………… *84*
3. 認識，測定，伝達の逆流現象 ……………………………………… *90*
4. 割引現在価値の非現実性 …………………………………………… *94*
5. 過去情報から未来情報への変容 …………………………………… *99*
6. おわりに ……………………………………………………………… *104*

第6章　情報提供かそれとも会計責任か ……………………………… *107*
1. はじめに ……………………………………………………………… *107*
2. 信頼性と受託責任 …………………………………………………… *109*
3. 受託責任と所有主関係 ……………………………………………… *113*
4. 受託責任と会計責任 ………………………………………………… *117*
5. 受託責任で信頼性は担保できるか ………………………………… *121*
6. おわりに ……………………………………………………………… *124*

第7章　会計学者の責任 ………………………………………………… *127*
1. はじめに ……………………………………………………………… *127*

2. 会計誕生の原点は信頼性 ………………………………………… *128*
  3. 有用性への転換による会計の変質 ……………………………… *131*
  4. 矛盾を拡大させる公正価値会計 ………………………………… *135*
  5. 問われなければならない会計学者の責任 ……………………… *137*
  6. お わ り に ……………………………………………………… *142*

第8章　ポスト金融資本主義のもとでの会計学 ……………………… *145*
  1. は じ め に ……………………………………………………… *145*
  2. 金融資本主義の矛盾 ……………………………………………… *146*
  3. 金融資本主義に適応する会計 …………………………………… *150*
  4. 金融資本主義からポスト金融資本主義へ ……………………… *154*
  5. ポスト金融資本主義下の会計学 ………………………………… *157*
  6. お わ り に ……………………………………………………… *161*

第9章　これまでの会計，これからの会計 …………………………… *165*
  1. は じ め に ……………………………………………………… *165*
  2. 伝統的な会計の役割 ……………………………………………… *167*
  3. 提供する情報の中身 ……………………………………………… *171*
  4. AI技術が進化した状況下での会計の役割 ……………………… *173*
  5. お わ り に ……………………………………………………… *177*

参 考 文 献 …………………………………………………………… *185*
索　　　引 …………………………………………………………… *191*
あ と が き

第1章　会計800年の歴史を振り返って

1. は　じ　め　に

　簿記は，13世紀の初めにイタリアの北方諸都市で複式簿記として産声を上げる。誕生当初の複式簿記は，信用取引に伴う債権債務の備忘録としての役割を果たしていた。同時代の同じイタリアにおいても，ヴェネツィアとフィレンツェでは当時の政治体制を反映して，損益の計算方法にも大きな相違が存在していた。例えば組合を結成するにあたっても，貴族社会のヴェネツィアでは血族によって構成されたため，厳密な損益計算はそれほど必要なく，単に商品の荷口別に設けられた勘定が売却済みになった時点で，しかも売上と仕入の差額によって売上総利益を求めていたに過ぎなかった。このような損益計算システムを口別損益計算制度と呼んでいる。

　それに対してフィレンツェでは，血族による組合が禁止されていたため，他人によって結成されることになる。その結果，必ずしもまだ定期的ではなかったが，期間に区切った総括的な損益計算が行われた。このようなシステムを先駆的期間損益計算と呼ぶ。この損益計算システムも元帳に損益勘定が設けられる以前の，実地棚卸で求めたビラチオ上の利益によって分配を行った前期システムと14世紀前半に継続記録にもとづく集合損益勘定で求めた利益によって

分配を行った後期システムの二つに分けられる。今日のように1年ごとに企業の総括損益を計算する期間損益計算（年次決算）が登場するのは，さらに200年近くも遅れた16世紀前半になってからのことである。

今日の金融資本主義が抱える様々な課題やそれに対してわれわれ会計学者が背負っていかなければならない責務を論ずるに先立ち，先ず手始めとして，会計800年の歴史を振り返えることから始めていくことにする。さて，歴史は，われわれに何を教えてくれるのであろうか。

2. 複式簿記の誕生と完成

13世紀初頭のイタリア北方諸都市には，クレルモン教会会議で結成されて以後8回にわたる十字軍の遠征(1095-1270)によって，多くの人や物やお金や情報が集積される。その結果，各国の通貨の換算や金銭の貸借，あるいは物資の調達や物の交換のために市場が立ち，盛大な取引が行われた。それに伴い，金融業（両替商）を始め様々な商店や組合企業が誕生し，活発な商取引が展開されるに至った。それまでの物々交換や現金取引に代わって，信用取引が登場する。この信用取引に伴う債権債務の備忘録として，複式簿記が歴史の舞台に登場することになる。

いうまでもなく，人間の記憶には限界がある。誰にいくら貸したか，誰からいくら借りているかといったことは，正確に記録しておかなければ忘れてしまい，後の争いの元になる。もし係争になったとき，自分たちの主張が正しいことを証明してくれる何か証拠になるものが必要になってくる。金銭の貸借や商売上の貸し借りは，本来ならば，公証人の立会いの下で公正証書（借用証書）を交わして，取引金額や支払日，あるいは約定金利等を決めておくのであるが，膨大な日々の取引すべてに公正証書を交わすにはあまりにも多くの手間とコストがかかり過ぎる。そのため，公正証書に代わる信用のおける記録が必要に

なってくる。この公正証書の代わりを果たしたのが，日々の取引の正確な記録，すなわち複式簿記で記帳された取引記録（帳簿）である。手間とコストの両者の節約への要求が文書証拠としての簿記を誕生させたといえよう。

　紙に契約の詳細を書いて証拠として残しておく習慣，すなわち成文法を重視する地域は，ローマ法の伝統が直接的に残っているイタリアや南フランスの地中海地域であった。それに対して，ロワール川以北の北フランスやドイツ，イングランドなどは，慣習法の伝統が強い国であるといわれている[1]。こうした伝統が，イタリアにおいて，公正証書に代わる証明手段としての継続的な帳簿記録，すなわち複式簿記を誕生させたといえよう。帳簿記録が誰からも納得され，公正証書と同じ信頼できる証拠書類として認められるためにはどうすればよいか。当時の商人たちは，知恵を絞り，その答えとしてキリストの力を借りることを思い立った。帳簿の初めに十字架と神への誓いの文言を書いて，帳簿記録に信頼性を勝ち取ろうと試みた。こうした神に誓うという風習は，帳簿記録が市民権を獲得する17世紀初め頃まで続くことになる。

　複式簿記が公正証書の代わりの役割を担って誕生したということは，極めて重要である。金銭の貸借や信用取引に際して，複式簿記で記録した取引事実が漸次公正証書と同様の信頼を付与されていったということである。複式簿記は，信頼を担保する文書証拠として誕生したのである。このことは，複式簿記の原点がまぎれもなく信頼性にあるということを示している。それ故にこそ，複式簿記は，800年という気の遠くなるほどの歳月にわたって，用い続けられてきたといえる。

　13-15世紀のヴェネツィアの商人たちは，前に述べたように，貴族を中心にした個人ないしは血縁による家族組合を結成していた。そのため，厳密な損益の計算は，それほど必要ではなく，単に取扱商品ないしは航海や旅行ごとに勘

---

[1] 清水［1982］150頁。

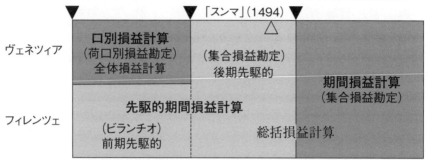

図表1-1　三つの損益計算システムの関連

＊期間損益計算生成のメルクマール：一般商品勘定の出現ではなく、期末棚卸商品（売残商品）の認識

定を設け，各荷口別に設けられた商品がすべて売却済みになった時点か航海や旅行が終了した時点で，それぞれの勘定を締め切って荷口別の損益を計算していたに過ぎなかった。今日のように，1年あるいは半年ごとに企業全体の総括的な損益を計算する損益計算システム（年次決算）はもちろん，非定期的な期間損益計算もまだ行われていなかった。こうしたヴェネツィアの商人たちが行っていた損益計算制度を口別損益計算と呼んでいる。

それに対して，当時のフィレンツェの商人たちは，同じ時代であったにも関わらず，ヴェネツィアの商人とは異なり，貴族や豪族による政治体制を否定して共和制を引き[2]，商業に関しても一般の市民が同職組合(アルテ)の代表者となって商業活動に従事していた。通常3-5年の期間に区切った同族以外の第三者による期間組合（マグナ・ソキエタス）を結成して事業に乗り出した。他人と組んだ組合だったため，どこかの時点で必ず，組合員相互間での利益分配が必要にな

---

[2] 中世後期のフィレンツェの政治，経済状況については，斎藤[2002]313-336頁に詳しい。

り，当初は必ずしも定期的ではなかったが，実地棚卸にもとづいて作成されたビランチオによって利益を分配した。この様な実地棚卸によって作成したビランチオで損益計算を行うシステムを前期先駆的期間損益計算と呼ぶ。しかし，14世紀前半を迎えると，帳簿記録によって企業の総括的な損益を計算し，集合損益勘定で求めた利益にもとづいて各組合員に分配する方法が広く用いられるようになる。なぜなら，実地棚卸のみによる損益計算では，そこで求められた損益の信憑性に疑念が生じてきたからである。こうして登場してきた損益計算システムを，同じくまだ非定期的な損益計算システムではあったが，先のビランチオにもとづく損益計算と区別して，後期先駆的期間損益計算と呼ぶことができる。複式簿記の完成である。

現存する最古の帳簿は，1211年のフィレンツェの一銀行家がボローニアのサン・ブロコリの定期市で記録した2枚4頁の勘定記録である。この最古の勘定記録は，現在フィレンツェのメディチ・ロレンチアーノ図書館にCodice, Laurenziano Aedil 67 として保管されている。この2枚の取引記録は，羊皮紙に書かれたもので，大きさは，縦43cm，横28cm，ほぼA3のサイズである。

記帳の最初には年号1211がローマ数字（mccxi）で記され，その後に，十字架とともに「神の名において，アーメン」(Al Nome di Dio, Amen ＝ In the Name of God, Amen)という文言が記されている。こうした十字架や神への誓いの文言が帳簿上から消えていくのは，複式簿記による記録の信頼が広く認知される17世紀前半になってからのことである。敢えて神に誓わなくても，複式簿記による記録が十分に信頼に足るとの認識に至ったということであろうか。神からの解放である。そこには，借方と貸方が今日の左右対称方式ではなく上下連続式で記録されている。

この最古の勘定記録は，僅か4頁の勘定記録に過ぎないが，そこではすでに，貸付金に対して貸倒損失を計上している。この会計処理は，売掛債権を時価で評価替えしていた事実を示している。昨今いわれる，原価と時価の混合測

定会計である。貸倒損失の計上は，こうした時価による評価替えの実務が複式簿記の誕生と同時に行われていたことを物語っている[3]。余談ながら，この貸付金には，年利率40％にものぼる利息が課せられ，もし返済日に遅れたときは，さらに年20％の金利が上乗せされている。驚くほどの高利であるが，それだけ当時は，回収のリスクが高かったということであろう。

　複式簿記を生成させた要因として，レイモンド・ドゥ・ルーヴァ（1904-1972）は，①信用［取引］，②組合［企業］，③代理人［業務］の三つをあげている[4]。物々交換や現金取引が中心の時代では，清算のために取引を記録する必要はない。なぜなら，決済が済んだ時点で取引が完了しているからである。しかし，信用取引の場合は，清算にあたりしばしばトラブルが発生する。そのため，後日の係争に備えて，日々の取引を細大漏らさず正確に記録することが必要とされた。この正確な記録への要請が複式簿記を誕生させた第一義的な要因である。これが帳簿記録に信頼性が求められたそもそもの出発点であり，信頼性の確保が会計を誕生させた原点なのである。この歴史的事実を忘れては，会計学を論ずることはできない。

　ドゥ・ルーヴァが組合とりわけフィレンツェでみられる他人と組んだ期間組合を複式簿記の生成要因の第一に位置づける根拠がここにある。なぜなら，複式簿記は，企業の総括損益を計算する技法であるからである。他人と組んだ組合の場合は，どこかの時点で利益を分配しなければならない。この期間組合における正確な損益計算への要請が複式簿記を誕生させたのである。

　こうして求められた利益は，実際に事業に従事した機能資本家（代理人）が無機能資本家に，あるいは支店の業務を任された支店長（代理人）が事業主に報告することを義務づける。これが代理人業務である。この信用［取引］，組合［企業］，代理人［業務］の三つの要因が複式簿記を誕生させることになる。時まさ

---

[3] 渡邉［2016］57-61頁。
[4] De Roover［1956］pp.115-117.

に13世紀初頭のイタリアである。かつてA・H・ウルフは，会計は文明の孫にあたるといったが，P・J・プルードン(1809-1865)は，高寺の表現を借りるならば[5]，組合を会計の母，信用を会計の父と捉えていたことになる。こうして完成した複式簿記は，進化のプロセスを刻みながら，やがて15世紀の終わりを迎え，企業の総括的な損益計算システムを体系的に解説した簿記書を誕生させていく。

3. 世界最初の簿記書『スンマ』

　世界最初の簿記書は，1494年にヴェネツィアで，数学者でありフランチェスコ派の修道僧でもあったルカ・パチョーリ(1445-1517)によって出版される。本書は，かのグーテンベルグ印刷所の最初の数学書として刊行されることになる[6]。その書名は，『算術，幾何，比および比例総覧』(*Summa de Arithmetica, Geometria, Proportioni et Proportionalita*) である。タイトルが長いので一般に『スンマ』と略称している。われわれ会計に携わる者は，これを簿記書と呼んでいるが，タイトルからも分かるように，実際には600頁を超える膨大な数学書である。

　パチョーリは，フィレンツェの南東，ボルゴ・サンセポルクロで生を受け，少年時代にピエロ・デラ・フランチェスカのもとで数学を学び，19歳になった頃，ヴェネツィアに出て，商人アントニオ・デ・ロンピアージの3人の息子の住み込みの家庭教師として約6年間を過ごしている。この時に簿記の知識を習得したのではないかといわれている。1470年にローマに出て数学に関する最初の論稿を発表し，1472年にはフランチェスコ派の修道僧になる。1475年にペ

　5　高寺[1982] 7頁。
　6　Pacioli Society and the South-Western Publishing Co. [1990] "Luca Pacioli Unsung Hero of the Renaissance VHS Videocassette".

ルージア大学の数学の教師になったのを皮切りに，フィレンツェ，ローマ，ナポリ，ウルビーノ等の各地の大学で教鞭をとっている。1499年のフランス軍のミラノ攻略により，ダ・ヴィンチとともにフィレンツェに落ちのびる。1516年に故郷サンセポルクロ修道院の総長代理となるが，翌年の1517年に72歳の生涯を閉じた[7]。

『スンマ』で名声を博したパチョーリは，ミラノ侯ロドヴィーコの宮廷に招かれ，そこで7歳年下のレオナルド・ダ・ヴィンチ(1452-1519)と交友を持ったのは，良く知られているところである。ダ・ヴィンチは，『スンマ』を119ソルディ（現在では3万円程度）で購入し[8]，ミラノのサンタ・マリア・デッレ・グラッツィエ教会にある「最後の晩餐」やルーヴル美術館の「モナ・リザ」で用いた遠近法をパチョーリから教わったといわれている。2人の交流は，7年に及んでいる。

多くの簿記書で見かけるパチョーリの肖像画は，現在，ナポリのカポディモンテ美術館のセカンド・フロアー（日本では3階）に展示されている。タイトルは，「ルカ・パチョーリ修道士とある青年の肖像画」（縦99cm×横120cm）で，『スンマ』出版の翌年にヤコポ・デ・バルバリの手によって描かれたといわれている。パチョーリ50歳の時である。絵の中に描かれている多面体の球体は，ダ・ヴィンチが画いた『デヴィナ』の挿絵からとってきたといわれている。

『スンマ』は，1494年にウルビーノ公グイドバルドの援助によって，ヴェネツィアの出版社から上梓された数学書である。第2版は，1523年に出版されている。当時出版された学術書は，ラテン語で書かれるのが一般的であったが，できるだけ多くの人が読めるようにとイタリアのトスカーナ語で書かれている。本書は，全体が615頁にも及ぶ膨大な数学書で，第1部は「算術と代数」，第2部は「幾何学」について論述されている。簿記に関して論述されている箇

7　渡邉［2014］85-92頁。
8　三浦［2016］265頁。

所は，全体のわずか4％に過ぎない。したがって，『スンマ』を世界最初の簿記書と呼ぶには，数学者に対していささかおこがましさが生じてしまう。厳密には，「世界最初の簿記に関して論述された数学書」といったところであろうか。

複式簿記に関する章は，第1部第9編論説11の197葉裏頁から210葉表頁までの枚数にして合計14葉，わずか26頁の36章から構成されている。第2版は，彼の死後1523年に出版され，1504年には『スンマ』の簿記論の部分のみが『商人の完全な手引き』として出版されたといわれている。しかし，実物は，確認されていない。現在，『スンマ』は，日本語を始め世界各国語に翻訳されている。なお，パチョーリよりも30年以上も早い1458年に，すでにベネット・コトルリ (c.1413-1469) によって簿記に関する著作『商業と完全な商人』がナポリで脱稿されている。しかし，実際に出版されたのは，彼の死後，『スンマ』よりも80年も遅い1573年になってからのことで，世界最初の簿記に関する著作という栄誉は，残念ながらパチョーリに譲ってしまった。

『スンマ』の第1章で，パチョーリは，いくつかの商人の心得を記している。その中に，「施しによりて，富は減ぜず」という一文がある。商人は，自己の利益を求めるだけでなく，社会への還元も必要であることを説いている。このパチョーリの考え方は，近江商人の説いた「三方よし」の考えにも通じるような印象を与える。しかし，現実はそれとは大きな隔たりがある。

13世紀にローマ法王グレゴリオ9世によって利子禁止令が発布される。この教えに背いたものは，死後天国に行くことができなくなる。神の教えに反して，金貸しの高利によって巨万の富を手にした両替商たちは，死後に地獄に落ちるのを恐れ，こぞって多額の寄付を教会に施した。しかし，この寄付行為も，困った人たちのためというよりもむしろ自分のために行った行為に過ぎない。お金で天国行きの切符を買おうというのである。多額の寄付をしたからといって，免罪符（贖宥状）を購入したからといって，これまでの悪しき行為がすべて洗い流されるわけではないし，信頼を取り戻すこともできない。重要なの

は，日々の行為の積み重ねなのであろう。

　こうした中世ヨーロッパのキリスト教社会の商人たちの寄付行為に比べると，仏教国のわが国の商人たちが行った施しは，自分のためではなく困っている人たちに対して行った純粋な慈善行為である。「三方」というのは，①売り手，②買い手，③世間，の三者を指している。この三方よしというのは，単に自分の利益のためだけではなく，商品の売却先である得意先や直接取引とは関係のない近隣住民や多くの恵まれない人たちにとっても便益がもたらされるものでなければ商売をする意義がないとする，それぞれの商家の家訓とでもいう経営理念である。この発想の原点は，近江の国神崎群石馬寺の麻布商であった中村治兵衛宗岸が後継ぎの養子のために，宝暦4(1754)年に書いた一文にあるといわれている[9]。昨今の新規起業で成功を収めた経営者が何億もする豪邸を誇示したり，何台もの高級外車を乗り回す姿とは，大きな隔たりを感じる。人としてのあり方の違いなのであろうか。

　一般的には，当時のヴェネツィアの貴族社会における個人ないしは家族経営では，日々の取引を厳密に記録して利益を計算する必要性は，それほど高くはなかった。ではなぜ，今日のように個人事業者でも利益を計算するために記帳をするようになったのか。それは，所得税の施行が大きく影響しているものと思われる。事業主は，過分な課税を回避するために，日々の取引を正確に記録し，それにもとづいて利益の計算を複式簿記によって行ったのである。適正な課税所得を複式簿記で計算することによって，そこで計算される利益額の信頼を得ていたのである。タックス・ヘイブンを求めて本店の所在地を変更するのとは，大きな隔たりがある。

　イギリスにおける所得税法は，ナポレオン戦争(1796-1815)の戦費調達のために1799年に制定されたのが最初である[10]。当時の税率は，10％で，何度かの制

　9　末永[1997]7頁。

定と廃止を繰り返しながら，定着するのは1842年になってからのことである。わが国では，明治20 (1887) 年に導入されている。イタリアでは，1864年のことで，南北戦争 (1861-65) の戦費調達のために導入 (1861) されたアメリカよりもさらに遅れている。

4. 複式簿記の進化

　A.C.リトルトン (1886-1974) は，『1900年までの会計進化論』(1933) の最後で「会計発展の史的論述はここにおわった。光ははじめ15世紀に，次いで19世紀に射したのである。15世紀の商業と貿易の急速な発展にせまられて，人は帳簿記入を複式簿記に発展せしめた。時移って19世紀に至るや当時の商業と工業の飛躍的な発展にせまられて，人は複式簿記を会計に発展せしめたのであった[11]」と結んだ。ここでいう15世紀は，イタリアでパチョーリが『スンマ』を上梓したときを指し，19世紀は，単なる簿記上の記帳処理を超え新たに会計学を誕生させた時代である。

　しかし，この15世紀と19世紀の他にも，忘れてはならないのが16世紀のフランドルと17世紀のオランダである。イタリアで生まれた複式簿記は，商業の中心がイタリアの北方諸都市からフランドルのアントウェルペンやオランダのアムステルダムに移行する過程で，中世簿記から近代簿記へと大きく脱皮し，今日に近い姿をわれわれに見せてくれる。

　ルネサンスの中心として比類なき繁栄を成し遂げたイタリアではあったが，賃金や税金の高騰にともなって毛織物工業が新興国家のオランダやイギリスの粗悪ではあるが安価な毛織物との市場競争に敗れ，やがて衰退の道を辿っていく。毛織物生産量の低下は，これまで毛織物工業とともにイタリア経済を支え

10　Sabine [1966] p.24.
11　Littleton [1933] p.368. 片野訳 [1978] 498-499頁。

ていた造船業や海運業にも影響を及ぼし，その価格の上昇と相まって，オランダ，イギリスとの競争にあえなく敗れ，やがてその覇権を譲り渡していくことになる[12]。

　16，17世紀は，イタリアのヴェネツィアやフィレンツェ等に代わってフランドルのアントウェルペンやオランダのアムステルダムが世界経済の中心として比類なき繁栄を勝ち取った時代である[13]。このアントウェルペンでは，当時の商業形態を反映して1年ごとに期間損益を計算する会計処理法が考案される。この年次決算を最初に解説した簿記書がアントウェルペンで織物商を営んでいたヤン・インピン・クリストフェルス（c.1485-1540）の『新しい手引き』（1543）である。そして，年次決算を確立させたのがオランダの数学者シーマン・ステフィン（1548-1620）の『数学的回想録』（1605-1608）である。もっとも実務では，すでに14世紀前半のコルビッチ商会の帳簿で3期にわたって年次決算が行われていた事例を見出すことができる[14]。

　インピンは，期末に売残商品勘定を設け，ヴェネツィアの家族組合で行われていた売上収益と仕入原価を対応させるいわゆる口別損益計算ではなく，売残商品を仕入から控除し，売上収益と売上原価を対応させて1年ごとの総括的な期間損益を算出する年次決算を明確に説いている。しかも，ステフィンは，厳密な期間損益計算を遂行するために，決算に先立って精算表の作成を提唱し，決算を誤りなく遂行していくための工夫を施している[15]。ここにもまた，複式簿記による損益計算の信頼性を確保しようという商人たちの思いと努力を見出すことができる。

　帳簿組織においても，パチョーリ時代の簿記と近代の簿記には大きな違いが

12　玉木[2009] 28-35頁。
13　河原[2006] 193-194頁。
14　渡邉[2017] 45-46頁。
15　渡邉[1993] 第3章参照。

ある。13世紀に誕生した〈日記帳→仕訳帳→元帳〉という単一3帳簿制の帳簿組織の体系は，概して18世紀の末まで引き継がれる。しかし，16世紀の後半には，記帳労力の省力化のため，補助簿を主要簿としての日記帳や仕訳帳として用いる特殊日記帳制や特殊仕訳帳制が考案される。記帳の二重手間を避けようというのである。また，パチョーリ時代の荷口別商品勘定は，16世紀後半から漸次それほど重要でない雑商品勘定からの統括化が始まり，18世紀を迎えるとこれまでの雑商品についてだけではなく主要な商品についても統括化が行われ，19世紀には，すべての商品が一般商品勘定のみで処理される完全な統括化が行われるようになる[16]。

　それとほぼ時を同じくして，商品勘定を仕入勘定，売上勘定，期末棚卸商品勘定に3分割して処理する記帳法も登場する。取扱量の飛躍的な増大によって，返品や返却も多くなってくる。それらをマイナス計算する補助簿の担当者とそれらのマイナス額を勘定の反対側に記帳する主要簿としての元帳の担当者が検証のために互いの帳簿を突き合せたとき，主要簿の元帳としての一般商品勘定の借方と補助簿としての仕入帳の最終金額とが一致しなくなる。同様に一般商品勘定の貸方が売上帳の最終金額と一致しない状況が生じてきた。その結果，両者の金額を照らし合わせて記帳ミスをチェックすることができなくなる。単に費用収益項目と資産項目が混合勘定として用いられている商品勘定の純化という理由よりもむしろ，実務上の検証機能の整合性のために考え出されたのが3分法である[17]。ここでもまた，複式簿記による帳簿記録の信頼性を勝ち取るための実務からの工夫が施されていたといえよう。この3分法は，業務分割の必要性を説いた1896年にロンドンで出版されたカーリルの『簿記原理』で初めて取り上げられた[18]。複式簿記進化の歴史は，この統括と分割の繰り返

16　渡邉［1983］第4章。
17　小島［1973b］16頁。
18　Carlill［1896］pp.30-33.

しである。

　債権債務に関しても，それまでは個別の貸借ごとに人名勘定で処理されていたが，19世紀を迎えると，それらを一つの勘定で処理する売掛金勘定や買掛金勘定，あるいは貸付金勘定や借入金勘定といった統括勘定が考案される。個々の債権債務を個別の人名勘定で処理していれば，取引相手が増えるごとに新たな勘定を設置しなければならず，いわば際限なく勘定科目が増えていくため，何とかして記帳労務を簡略化したいという要望が統括勘定を生み出してきたといえよう。

　すでに述べたところであるが，時価による評価替えの実務は，すでに最古の勘定記録のなかに見出せる。もちろん，まだ公正価値（フェアー・バリュー）という用語は用いられていないが，17世紀後半から18世紀前半にかけてイギリスで出版された簿記書のなかにも，時価による評価替の方法が登場してくる。例えば，1675年に出版されたモンティージの簿記書[19]や1731年に出版されたマルコムの簿記書[20]では，建物を時価で評価替えして，その評価損を実現利益として損益勘定に振替える記帳例示が示されている。売残商品の時価による評価替えは，リチャード・ヘイズの簿記書（1731）にもみられるところである。しかし，18世紀を代表するジョン・メイアー（c.1302-1769）の『組織的簿記』（1736）や『現代簿記』（1773）を初めとする当時のアカデミーやグラマー・スクールの教科書用として出版された簿記書では，複雑になるのを避け，時価による評価替や記帳例示の説明は，なされていない。なお，これらの点については，第3章で詳しく見ることにする。

　19世紀に入ると，厳密な製品の原価計算と当該固定資産の再調達資金の確保のため減価償却という新たな固定資産の費用配分法が登場してくる。それによって，土地を除く固定資産の取得原価と時価との落差の矛盾が緩和され，時

19　Monteage [1675] 'Here followeth the Balance of the whole Leidger A', fol.9.
20　Malcolm [1731] p.90.

価による評価替え実務の必要性が薄まり，評価損の計上は，それほど緊急かつ重大な問題ではなくなってきたのであろう。

5. 18世紀に生じる新たな動向

『ロビンソン・クルーソー』(1719)の著者として著名で経営学の先駆者としても知られるダニエル・デフォー(1660-1731)が『完全なイギリス商人』を著したのは1725年のことである[21]。

彼は，その著の中で，小規模な小売商のために複雑で難解な複式簿記に代わって簡便な簿記法による記帳を提案した。商人とりわけ小規模の小売商にとっては，商品，現金，債権債務の三つをしっかりと把握し，管理することが最も重要と捉え，複雑で難解な複式簿記による記録ではなく，先の三者に重点を絞った簡便な記録システムで充分であると主張する。この複式簿記に代わる簡便法が，デフォー自身はそう呼んでいないが，彼の簿記法を伝承した後継者たちによって単式記帳(シングル・エントリー)と名づけられた。

明治を迎えると，わが国固有の簿記法から複式簿記に転換する過程で，欧米の簿記書にもとづいた簿記書や翻訳書が相次いで出版される。その先駆けが明治6年(1873)に初編略式として，翌年の明治7年(1874)に二編本式として出版される福澤諭吉(1834-1901)の『帳合之法』である。本書は，アメリカの商業学校の教師であったヘンリー・B・ブライアント(1824-1892)とヘンリー・D・ストラットン(1824-1867)の共著『初等中学簿記』(1871)からの翻訳書である。なお，本書の初版は，1861年に出版されている。

『帳合之法』初編2冊が原文ではシングル・エントリーであり，二編2冊がダブル・エントリーとなっている。このダブル・エントリーが複式簿記と邦訳さ

---

21 デフォーの経済思想に関しては，天川[1966]を参照。

れ，それとの対比においてシングル・エントリーが後に単式簿記と邦訳されてその呼称がわが国では一般的になった。その結果，複式簿記に先立って単式簿記がすでに存在していたような感覚が植えつけられてしまったのではなかろうか。しかし，一般に単式簿記と呼ばれるシングル・エントリーは，18世紀イギリスで考案された複式簿記に代わる簡便な記帳法に過ぎず，厳密には簿記，すなわち損益計算のための記録システムとは異なる記録法である。なお，複式簿記という名称が用いられた最も初期の簿記書は，1525年にヴェネツィアで出版されたジョバンニ・アントニオ・タリエンテの簿記書で，そこで"libro doppio"という呼び名が用いられている。そのまま英語に置き換えれば"book double"であり，日本語では複式帳簿すなわち複式簿記と訳すことができる。

　デフォーの提案する簡便な記帳法シングル・エントリーは，現金出納帳，小口現金出納帳，仕訳日記帳（デイ・ブック）ないしは仕訳帳（ジャーナル），覚え書き控え帳の四つの帳簿とこれらを集約する元帳によって記帳されている[22]。元帳には単に債権と債務に関する人名勘定のみが設けられ，決算に際してこれらの人名勘定を締切るための決算残高勘定が新たに設けられるだけである。したがって，元帳勘定を締め切っても，利益を求めることはできない。債権債務の残高計算に過ぎない交互計算が行われるだけである。

　デフォーの提唱した簡便法を継承してその手続きを詳細に解説し，小規模な小売商のためにその特殊な記帳法を展開したのがチャールス・ハットン（1737-1823）である。彼によって，デフォーが提唱した簡便法は単式記帳（シングル・エントリー）と名づけられ，当時のイギリスの小規模な小売商の間で広く定着していくことになる。この頃から複式簿記の誕生以来用いられてきた［日記帳→仕訳帳→元帳］という3帳簿制は，やがて［仕訳帳→元帳］という2帳簿制に移行していく。彼らによって単式記帳と呼ばれた記帳法は，元帳には人名勘定しか設けられず，単に

22　Defoe [1727] A Supplement to the Complete Tradesman, p.43.

複式簿記の簡便法に過ぎない。その意味では不完全な複式簿記なのである。

　複式簿記は，取引を借方と貸方に２分して，企業の総括損益をフローとストックの二つの側面から計算する手法である。だとすれば，デフォーによって提唱され，ハットンによって広く普及された単式記帳は，果たして簿記と呼んで良い記帳システムなのであろうか。問題になるところである。しかし，彼らが提唱するシングル・エントリーは，わが国では明治初期の簿記書で単式簿記と訳され，今日までその呼称のみが実際の記帳法とは独立して用いられてきた。しかし，ここでいう単式簿記は，決して複式簿記の誕生以前に用いられていた簿記法ではなく，複式簿記の複式（借方・貸方とフローとストック）に対立する貸借どちらか一方だけで記帳していくという意味での単式でもない。とはいえ，18世紀イギリスでデフォーによって提唱された小規模な小売商のための取引の記録法は，難解な複式簿記に代わる彼らにとっては極めて有用でかつ実用的な取引の記録システムであったことには違いない。

　この実務に役に立つ簿記という流れは，一方では小規模な小売商や初学者のための単純で簡便な記録システムとしての単式記帳（シングル・エントリー）を生みだし，他方では，大規模な卸売商や貿易商のための詳細で厳密な記録システムとしての実用簿記（プラクティカル・ブックキーピング）を誕生させてくる。ある意味ではこうした実用化への流れの原点は，デフォーにあったともいえるが，複式簿記の実用化への動きは，一方では，デフォーの複式簿記の簡便化への提唱を受け継いだハットンやドン等によって一般的には単式簿記と呼ばれる単式記帳への流れを普及させ，もう一方では，少し遅れて登場してくるブースやシャイアーズ等による実用簿記書の登場を余儀なくさせていったのである。そして両者の流れを統合しようとして登場するのが，かのエドワード・トーマス・ジョーンズによって1796年に発表された『ジョーンズ式簿記』である[23]。ただ，ジョーンズの簿記法は，結局の

23　渡邉［2017］88頁。

ところ複式簿記と同じではないかとの批判にさらされ，時を待たずして仇花と消えていくことになる。

6. 会計学の誕生

　リトルトンによると，債権債務の備忘録として誕生した複式簿記を会計へと大きく進化させていくのは，イギリスの産業革命期 (1760年代-1830年代)，とりわけヴィクトリア女王 (在位：1837-1901) 治世下直前の19世紀に入ってからのことである。産業革命による産業構造の変革は，巨大な株式会社を相次いで誕生させ，それに伴ってこれまでとは異なる新たな会計処理法が次々に登場してくる。減価償却や原価計算，あるいはキャッシュ・フロー計算書の萌芽や財務諸表の作成に監査といった新たな会計問題である。とりわけ，巨大な会社組織は，当然のことながら，巨額の資金が要求される。その資金調達のために，投資の有利性，投資の安全性を説明するための手段として，貸借対照表や損益計算書が作成され，これらが将来株主を含めた株主に開示される。

　この投資誘因のための財務諸表の出現こそが，簿記を会計へと進化させる象徴的な出来事なのである。われわれはその萌芽をグラスゴーで1750年に設立され紡ぎ糸商人としてスタートした織物製造業であり茶の製造と販売も手がけたフィンレイ商会の1789年の決算残高勘定だけを1冊に集めた残高帳(バランス・シート)に求めることができる[24]。フィンレイ商会の残高帳と類似の財務表は，1766年から1769年にかけてと1773年から1867年にかけてのキャロン・カンパニーの帳簿の中にも見出せるが，前の2冊の帳簿は，名前は残高帳となっているが実質的には仕訳帳ではないかといわれている[25]。

　かつて南海泡沫事件 (1720) を経験したイギリスの人々は，二度とこのような

24　渡邉 [1993] 第4章。渡邉 [2017] 90-94頁。
25　Macve [2005] pp.10-12, p.16.

事件を繰り返さないようにと同年に泡沫会社規制法を発令し，法整備を図った。しかし，産業革命の進行とともに世界市場の確保に向けてフランスとの重商主義競争が熾烈を極めてくると，この泡沫会社規制法がかえって足かせになってくる。そのため，イギリス政府は，この規制法を廃止するために泡沫会社禁止条例廃止法（1825）を公布し，民間の投資を生かそうとした。しかし，発布当初では，市民はまだ南海泡沫事件のトラウマから完全に脱し切れたとはいえず，投資にはきわめて慎重であったことが推測される。

　この解決策として，一方では国が法律によって投資の安全性を保障し，他方では企業が自ら貸借対照表や損益計算書を作成し開示して，その信頼性を会計が専門の第三者に担保させようとした。前者が1844年に施行された会社法の制定であり後者が1853年に国王より勅許を受けて設立されたスコットランド会計士協会（ICAS）の前身であるエディンバラ会計士協会であり，1880年に設立されたイングランド・アンド・ウエールズ勅許会計士協会（ICAEW）である。こうして国をあげて会計の信頼性を担保し，投資を促せようとしたのである。何よりも一般の投資家から信頼性を勝ち取ることが第一であった。会計は，信頼性を得ることが何にもまして重要な課題なのである。

　今一つ忘れてはならないのは，キャッシュ・フロー計算書の登場である[26]。キャッシュ・フロー計算書は，ごく最近に作成されたと思われれがちであるが，その萌芽的な形態は，すでに150年以上も前に登場している。その原点は，1852年11月と1863年3月の資産と負債の一覧表として作成されたダウライス製鉄社の比較貸借対照表にある。現在のイギリスのウェールズのカーディフ近郊ダウライスにあったダウライス製鉄石炭会社の工場責任者が経営者に1863年付けの手紙を書き送っている。「私は，この7年間で獲得された『利益』と呼ばれているものが，原材料や製品の在庫の巨大な蓄積であることに気

26　会計における認識と測定の両分野における矛盾発生の問題点は，渡邉［2017］160頁
　　［図表終-1］を参照。

図表1-2 資産－1852年11月と1863年3月の比較表

	1852.11	1863.3	増加	減少
1. J.J.ゲスト卿	39,697 3 1	72,469 6 5	32,772 3 4	
1a. 管財人		1,173 2	1,173 2	
2. 鉱山	275,388 7 3	278,870 7 3	3,482	
3. 現金	197 8 4	1,307 11 2	1,110 2 10	
4. 在庫品	107,092 17 10	255,134 4 3	148,041 6 5	
5. 高地への支線	6,798 2 11			6,798 2 11
6. 低地への支線	33,308 13 5	33,640 19 1	332 5 8	
7. セールスa/c,（ロンドン）	63,596 18 9	13,296 19 9		50,299 19
8. D社への債権	11,013 13	6,156 5		
9. E.I.ハッチンズ		10	10	4,857 8
10. 会社の石炭債権		7,538 17	7,538 17	
	537,093 4 7	669,597 11 11	194,459 17 3	61,955 9 11
		537,093 4 7	61,955 9 11	
	£	132,504 7 4	132,504 7 4	

負債－1852年11月と1863年3月の比較表

	1852.11	1863.3	増　加	減　少
1. 債務一般	990 18 5			990 18 5
2. 資本金	503,200	503,200		
3. 所得と未税税金	132 3 8			132 3 8
4. E.I.ハッチンズ	69 5 9			69 5 9
5. D会社への債務	32,700 16 9	39,747 8 4	7,046 11 7	
C.ゲスト婦人		3 3 9	3 3 9	
会社の石炭債務		240 2 2	240 2 2	
	537,093 4 7	543,190 14 3	7,289 17 6	1,192 7 10
		537,093 4 7	1,192 7 10	
		6,097 9 8	6,097 9 8	
		資産の増加	132,504. 7. 4	
		控除 負債の増加	6,097. 9. 8	
			126,406.17. 8	

(Glamorgan Record Office, D/DG, E8)

がつきました。昔からの言葉の意味での『利益』とは，企業が健全で順調にいっている状態のもとで，設立の時から［いつでも］引き出すことができ，多くの他の資産，土地，鉄道あるいは同様のものに投資することのできる収入とし

て自由に使える余剰金のことで［あると理解していま］した[27]」と。

　発生主義会計にもとづいて作成した損益計算書や貸借対照表ではかなりの利益が出ているにもかかわらず，現実に設備投資を行おうとしたとき，手持ち資金が不足していることに気がついた。「いったい利益はどこに消えたのか。利益とは自由に使えるお金のことではなかったのか」。この疑問に応えるために作成されたのが，比較貸借対照表である。これがキャッシュ・フロー計算書の萌芽である。発生主義会計の限界，すなわち収益と現金との違いを明確に認識し，新たに現金の収入と支出を比較し，現実に投資可能な現金在高を明らかにしようとするのが，キャッシュ・フロー計算書であり，利益と現金との落差の原因を明らかにするためにキャッシュ・フロー計算書が作成され，わが国では2000年3月期から財務諸表に加えられたのは周知のとおりである。

　こうして19世紀半ばにイギリスで誕生した比較貸借対照表は，時を同じくしてアメリカに渡り，運転資本計算書，財政状態変動表，現金収支計算書とその役割と形態を少しずつ変化させながら，今日のキャッシュ・フロー計算書へと進化していく[28]。

　簿記から会計への進化にとってもう一つ忘れてはならないのは，減価償却や原価計算の登場である。産業革命の進行は，繊維，石炭，製鉄，鉄道といった分野で巨大な株式会社を次々と誕生させ，それに伴い機械や溶鉱炉や蒸気機関車といった膨大な額の投資資金が必要になる。これらの機械設備等は，長期間に渡って使用されるため，その全額を当該投資期間にのみ負担させるなら大きな矛盾が生じる。そこで全使用期間に渡って均等に負担させる合理的な配分法が考案される。さらに重要なのは，投資したこれら巨額の資産も長期の使用による破損や技術革新による不適応化によって再調達が余儀なくさせられる点である。そのためには，単に当該資産を時価で再評価し，その減損部分を損失と

27　Glamorgan Record Office, D/DG, E3 (ii), pp.1-7.
28　渡邉［2017］141-156頁。

して計上するだけでは，再調達することができないのは，明らかである。再調達のための資金の内部留保が欠かせない問題になる。

　これが資産の時価評価に代わって減価償却が登場する要因である。減価償却は，いわば利益の平準化と資産の再調達の問題である。私見ながら，利益平準化は，まるで不正な利益操作といった印象を与えるが決してそうではなく，安定した経営を行っていくためには，経済変動や偶発債務に備えて経営者が取るべきごく自然で健全な対処法であると思う。それと同時に製造業にとっては，他社との競争に打ち勝つためには，販売価格の設定が極めて重要な要因になる。そのためには，厳密な原価計算が要求され，この手法がアメリカに接ぎ木され，標準原価計算や直接原価計算といった新たな手法を生み出していくことになる。

　20世紀を迎えると，イギリスに代わってアメリカが世界の覇者になっていく。その過程で，第35代アメリカ大統領ジョン・F・ケネディの父親ジョー・ケネディが米国証券取引委員会の初代長官に就任し，投資家保護を目的としたディスクロージャー制度と監査制度を確立させていく。それと同時に，時代は，アメリカ鉄道業を中心に標準原価計算や直接原価計算を誕生させ，新たに予算管理を中心とした管理会計も生み出していく。さらに，テイラーの科学的管理法やデュポン社の事業部制やセグメント，あるいは経営分析等について書かれた著作が相次いで登場し，今日のROIやROE分析による経営戦略の手法がますます深化していく[29]。20世紀は，まさしくアメリカの時代である。しかし，近年の中国の目覚ましい台頭によって，アメリカ1国の支配に揺るぎが生じ始め，これまでのアングロサクソンを中心に展開してきた世界地図が大きく塗り替えられつつある。会計基準の国際基準設定への動きも，アメリカとEU諸国との間で主導権争いが生じ，加えて，近年の金融資本主義の矛盾が顕在化

29　この間の動向は，田中［2018］第6-8章で面白く語られている。

してきた状況下で，果たして，21世紀は，何処に向いて歩いていくのか，まだ行く先がはっきりとは見えてこない。

7．お わ り に

　会計の計算構造を支える複式簿記は，13世紀初頭イタリアの北方諸都市で誕生し，以後800年に渡って進化のプロセスを歩み，今日の会計学を誕生にさせてきた。簿記会計の本質は，信頼にもとづく損益計算にある。そこでの損益は，今世紀に至るまで発生基準にもとづく実現利益計算を基軸にして行われてきた。

　発生史的には，複式簿記は，実地棚卸しによるビランチオで求めた利益を継続記録による集合損益勘定で証明するための技法(アート)として完成した。そこで求められる最も重要な要素は，正確性と事実性と検証可能性に支えられた信頼性にあった。複式簿記は，それによって求められた利益の正しさを日々の取引記録によって証明する文書証拠として誕生したのである。そこでは，帳簿に記帳された内容が有用であるか否かではなく，あくまでも帳簿が正確で信頼できる情報を提供しているか否かにあった。もし，会計がストックによる利益をフローによる利益で検証することによって完成したという歴史的事実を忘れて正確性や事実性あるいは検証可能性や透明性に支えられた信頼性を遠く彼方に追いやり，社会科学の本質を忘れて，単に実利的な有用性や目的適合性ということばかりに気を取られているならば，われわれは，大きな落とし穴にはまり込んでしまうことになる。

　17世紀を迎え，複式簿記は，大きく近代化の方向に踏み出していく。その進化の過程でも，絶えず記帳の信頼性が根底に横たわっていた。19世紀のイギリスで，複式簿記は会計学へと進化し，あらたな株式会社の出現により，その役割も株主の意思決定に有用な情報を提供することに重点を移していく。今日の

意思決定有用性アプローチといわれる原点がここで誕生することになる。しかし，そこでもまた，その根底には提供する利益情報の信頼性が最も重視されていたのである。

近年，この有用な情報は，取得原価にもとづき発生主義によって算出した配当可能な実現利益ではなく，将来のキャッシュ・イン・フローを基軸にした公正価値によって求められた純資産の増加分としての包括利益であるとする考え方が支配的になってきた。いわば財務会計の領域に未来の予測計算が入り込んできたのである。時として，財務会計の管理会計化と呼ばれる現象である。会計の生命線は，提供する財務情報の正確性と事実性と検証可能性に支えられた信頼性にある。予測に予測をかけた将来キャッシュ・フローの割引現在価値といった得体の知れない評価基準によって測定された利益のどこに，われわれは，客観的な信頼性を求めることができるというのであろうか。会計を成立させた根源的な要因が信頼できる記録にあったことは，歴史を振り返れば明々白々なことである。

今日のような混沌とした時代であるからこそ，会計ならびにその計算構造を支えている複式簿記の本質や本来の役割を今一度じっくりと考えることが必要になる。そのためには，歴史を振り返ることが何よりも重要な視点であることを忘れてはならない。会計の原点は，信頼性なのである。

第2章　会計の沿革を論じたわが国初期の文献

1. は じ め に

　わが国は，260年にも及ぶ長い江戸時代（1603-1867）に，商人たちの間で帳合法と呼ばれる高度に発展したわが国固有の簿記法を保有していた。複式決算構造を備えた複式簿記に勝るとも劣らないこの簿記システムは，江戸時代の多くの豪商たちによって独自の記帳システムとして各商家の江戸や京都や浪速といった各店(たな)ごとに独自の進化を遂げていった。しかし，大政奉還（1867）を迎え，明治政府は，欧米に肩を並べるための産業振興策の一環として，従来の帳合法に替えて新たに欧米で広く用いられている複式簿記の導入を決定した。

　こうした状況下で，福澤諭吉（1835-1901）は，『ブライアント・ストラットン一般学校簿記』（1861）の翻訳に取り掛かり，明治6年（1873）にわが国最初の洋式簿記書を『帳合之法』と題して初編2冊（略式）を出版した。同年にアレグザンダー・アラン・シャンド（1844-1930）の口述にもとづく『銀行簿記精法』全5巻も上梓された。わが国の洋式簿記を語るうえで明治6年は，忘れることができない年である。

　翌明治7年（1874）には『帳合之法』二編2冊（本式）が出版される。厳密には，これがわが国における複式簿記に関する最初の商業簿記書である。先の初

編2冊は，18世紀イギリスでデフォーによって提唱されハットンによって完成された単式記帳(シングル・エントリー)の紹介であって，これをもって簿記ないしは複式簿記というわけにはいかない。福澤は，初編で日記帳，大帳（元帳），金銀出入帳，手形帳の4冊を取り上げ，大帳（元帳）には債権と債務に関する勘定のみを人名勘定として説明している。それは，デフォーの説く複式簿記の簡便法で元帳に設けられた勘定の項目と同じ内容である。

とはいえ，福澤の翻訳書の発刊やシャンドの口述書の発刊を期に，わが国において，学校教育，実務の両面から否応なく急速に洋式簿記が普及していくことになる。いわば，会計分野における黒船の来襲である。丁度，今日の国際会計基準（IAS）導入の経過に類似しているといえなくもない。

しかしながら，このような状況下でも，明治11年（1878）には，実務とはおよそ程遠いと思われがちな会計の歴史を論述したわが国最初の簿記書がすでに登場してくる。その後も，欧米の文献にもとづき，会計史を詳述した本格的な著書が相次いで世に問われてくる。当時の会計学者たちは，会計やその計算構造を支える複式簿記の新たな技法の導入に当たり，真にそれらを理解するためには，単にその計算制度や技法を移入するだけではなく，その基本理念や歴史的背景を理解することこそが何よりも重要であると明確に認識していたものと思われる。それ故にこそ，その一環として歴史について論述された簿記書の翻訳を試みたものと推測できる。

本書の第1章では，ヨーロッパにおける会計の歴史を見てきたが，ここでは，わが国で最も初期に会計史に関して論述した簿記書を取り上げ，わが国における会計史研究の初期の足跡を辿ることにしたい。この作業は同時に，有用性を旗印にした国際財務報告基準（IFRS）という黒船の来航によって800年という長きにわたって継承されてきた簿記会計の本来の役割である信頼性をわが国における会計学の研究においても見失うことのないように，歴史に学びながら今日の会計が直面している危機に警鐘を打ち鳴らすことにもなる。本章で

は，明治初期のわが国の複式簿記導入期において，単にその記帳方法を解説するだけではなく，真に記帳の技法を理解するためには簿記の歴史に遡ることの必要性を理解していた何冊かの著作を紹介することにする。

2. 日本最初の会計史文献『学課起源畧説』(1878)

　福澤諭吉の『帳合之法』は，明治初期において，欧米列強による植民地化を逃れさらに列強諸国と肩を並べるために，「今やまさに生まれようとしていた日本資本主義時代を先導する役割をうけもつばかりでなく，明治十年代の三菱商業学校，商法講習所，一橋高等商業学校，慶応義塾等の教育制度を背景として生みだされた明治簿記史の精神的源泉となり，その後につづく歴史の流れに大きな影響をあたえたものであり，[新しい起業家精神や]日本資本主義のエートスの源泉にほかならなかった[1]」といわれている。他方，複式簿記の実務への浸透という側面からは，シャンドの『銀行簿記精法』が大きな役割を果たした。「シャンドの『銀行簿記精法』に説かれた複式簿記法は，きわめて特色のあるもので，一般に『シャンド・システム』の名で呼ばれた。第一国立銀行にひきつづき，全国各地に順次設立された多数の国立銀行（発券銀行）は，すべてその業務運営のために，このシャンド・システムを採用した。シャンド・システムは，銀行経営にて適用されたばかりでなく，明治中期以後の産業革命の進展に伴ない，多くの商工業経営にも浸透するにいたった[2]」といわれている。

　明治新政府は，明治5年(1872)に，欧米を模して，新しい学校制度を導入し，わが国に近代的な教育制度を導入した。そのような中で，わが国最初の商業学校「商業講習所」（一橋大学の前身）が明治8年(1875)に設立され，その3年後に神戸商業講習所（兵庫県立神戸商業高校の前身）や三菱商業学校が設立され

1　黒澤[1990] 142頁。
2　黒澤[1990] 4頁。

る。これら商業学校は，主に民間の力によって設立され，そこでの教科書として欧米の多くの簿記書を模した著作や翻訳書が相次いで出版される[3]。丁度18世紀のイギリスで当時のアカデミーでの実務教育の普及のために数多くの簿記書が出版された状況と極めて類似している。

　会計の歴史について論述したわが国最初の文献は，明治11(1878)年8月に出版された曾田愛三郎編輯『學課起源畧説』で，福澤諭吉の『帳合之法』初編出版5年後のことである。本書は，目次も含めて33頁の小冊子である。内容は，1. 科學, 2. 理學, 3. 記簿法, 4. 歴史, 5. 地理學, 6. 四則算, 7. 代數學, 8. 幾何學, の8項目について論じられている。簿記に関する論述は，わずか4頁に過ぎず，そこで簿記の歴史について簡単に触れられている[4]。これがわが国最初の会計史に関する文献である。

　曾田は，1762年に出版されたドゥ・ラ・ポルトの簿記書『複式簿記』に依拠しながら[5]，「今記簿ノ起源ヲ討詢スルニ伊太利記簿『ドピイヤスクリッラ』ノ名稱[6]並ニコノ學課ニ於テ慣用シ来リテ各國土語中ニ混用シタル數語ハ以テ記簿法ノ伊太利ニ起源シテ他國ノ人民ハ當時東印度ノ貿易悉ク伊太利ニ通スルヲ

3　西川[1971]373頁。

4　曾田編輯[1878]11-13葉。なお，この簿記に関する論述は，西川[1959]の巻末に，記簿法に関する箇所のみが掲載されている。

5　ドゥ・ラ・ポルトの簿記書は，当初1605年にパリで『商人および簿記方の手引き』として出版され，商事王令(1673)で規定された財産目録を念頭に入れて1704年に改訂版が出版された。1762年には，ドイツ語版がウィーン等で出版されている。この点に関しては，岸[1975]第8章，ならびに土方[2008]第4章第3節を参照。

6　曾田は，複式簿記を『ドピイアスクリッラ』(Doppia scrittura)と呼んでいるが，このような説明は，アンダーソンやドゥ・ラ・ポルトの著書には見られない。曾田は，引用文献としては掲げていないが，この呼称は，第2版が1814年にロンドンで出版されたヨハン・ベックマン(1739-1811)の『発明と発見の歴史』(全4巻)において見出すことができる(Beckman[1814] p.1)。恐らく，彼の著書を参考にしたのではなかろうかと推測される。ベックマンは，「発明の歴史」の最初に「イタリア式簿記」を取り上げ，そこでは，ドゥ・ラ・ポルトやアンダーソンの著書が引用され，彼らの名前も明記されている。曾田が引用文献にベックマンをあげていないのに対して，海野力太郎や東奭五郎は，ベックマンの著書を参考文献にあげている。

以テ其商舘ヨリ之ガ記簿法並ニ種々ノ簡便ナル算計法ヲ只タ借用シタルニ疑ナキコトヲ證明スルニ足ルデラポルテ氏曰ク千四百九十五年ノ頃（正確には1494年 – 渡邉注）伊太利人ブルサー、ルーキ氏ガ國語ヲ以テ記簿法ヲ著述セシハ記簿ノ理義ニ就テ註釋ヲ下セシ歐洲最初ノ記者ナリト又アンデルセン氏貿易起源史中ニ論スルコトアリ曰ク記簿複式ハ其源ヲ伊太利市府中ニ發シタルハ万々疑ナシ…[7]」と述べている。少し長い引用になったが，ここで述べられている「1495年の頃伊太利人ブルサー・ルーキ氏」がルカ・パチョーリであるのはいうまでもない。

しかし，彼が同時に引用している1801年にロンドンで出版されたアダム・アンダーソンの『最も初期の記述にもとづく商業の起源に関する歴史的・年代的推論』では，「最も初期の簿記に関する印刷物は，"Lucas de Burgo, an Italian friar"によって1494年にベニスで出版された[8]」と正確に述べている。なお，アンダーソンについては，海野力太郎も引用しているので詳しくは次節で述べることにする。

また，曾田は，当時の他国の商人たちは，その多くが東インド貿易に従事していたため，否応なくイタリアを通過し，その時に複式簿記を知り，自国に持ち帰ったのではなかろうかと推論している[9]。その他，1569年にロンドンで出版されたジェームス・ピールの第2の簿記書『勘定熟達への小径』を取り上げ，備忘録（日記帳）、日記（仕訳帳）、原簿（元帳）の3冊によって取引が記録されていたことを記している[10]。複式簿記による簿記書が福澤の手によってわが国に紹介された5年後の明治11年（1878）に，僅か4頁に過ぎない記述ではあるが，簿記の歴史に関する論述がすでに出版されていたのである。

---

  7 曾田編輯『前掲書』11葉。De la Porte [1762] SS.8-9. Anderson [1801], p.544.
  8 Anderson [1801] p.544.
  9 曾田編輯 [1878] 11-12葉。
 10 曾田編輯 [1878] 12葉。

なお，翻訳によらないわが国最初の簿記書は，明治9年(1876)に出版された栗原立一『記簿法独学』であるといわれている[11]。

3. 海野力太郎『簿記学起原考』(1886)

曾田愛三郎についで，会計の歴史を論述したわが国の簿記書は，本文39頁の海野力太郎『簿記学起原考』である[12]。海野力太郎(1861-1944)は，1861年2月5日(万延元年)に大和郡山の藩士の家に生まれ，明治の初めに江戸に出て，中村尊宇の同人社に学び，後に三菱商業学校に入学する。簿記に関する知識は，そこで習得したようである[13]。

本書は，明治19年(1886)に東京で出版された。『簿記学起原考』は，海野の処女作であるが，その後，『罫線学』(1888)，『元帳〆切之図』(1888)，『実用簿記法』(1897)，『簿記学の起源及び沿革』(1896)等が相次いで上梓されている[14]。『元帳〆切之図』は，1871年ニニューヨークで出版されたチャールス・ハズウェルの『複式簿記』の巻頭に綴じ込まれているバランス・チャートからの翻訳である[15]。

本書の中で引用されている簿記に関する書物は，合計19冊に及び，多くは数学書や辞典である。簿記に関する文献は，以下の6冊に過ぎない。すなわち，
①Ira Mayhew, *A Practical System of Book-keeping by Single and Double Entry,* New York, 1856, ②F. Hayne Carter, *Practical Book-keeping adapted to Commercial and Judicial Accounting,* Edinburgh and Glasgow, 1875, ③E. G.

11　西川[1971] 278頁。
12　海野の『簿記学起原考』については，西川[1971]の他，江村[1953]，および小島[1973]に詳しい。
13　西川[1982] 196頁。
14　西川[1982] 197-8頁。
15　Haswell[1871] "Balance Chart".

Folsom, *Logical Bookkeeping,* New York, 1873, ④L.B. Hannaford, *Bookkeeping by Single Entry,* Boston, 1871, ⑤George Jackson, *Jackson's Complete System of Practical Book-keeping, by Single and Double Entry,* London and Belfast, 1843, ⑥H. W. Ellsworth, *Single and Double Entry Bookkeeping and Business Manual,* New York, 1875, である。

　その中には，メイヒューやカーターやジャクソンの簿記書のようにタイトルに「実用的」と付された簿記書が含まれている。この複式簿記における実用化への対応の流れは，第1章で見てきたが，18世紀前半のデフォーに始まり19世紀の初めにかけてイギリスの実務界で巻き起こった複式簿記の実務への直接的な適応への要求であった。海野は，この実用的な複式簿記をわが国に導入することを念頭に置き，これまでのわが国固有の帳合法に代えて実務に直接適用できる実用的な簿記の導入を志向していたことが窺える。第1章ですでに述べたところであるが，この実務への対応は，一方では小規模な小売商を念頭にした簡便な簿記法への対応であり，もう一方が大規模な貿易商を念頭にした複雑な簿記法への対応であった[16]。

　この複雑な実務への対応を念頭に置いた実用簿記書出版の先駆けが，イギリスのベンジャミン・ブース(?-1807)の『完全簿記体系』(1789)である。ブース簿記書の特徴は，実務とりわけ海外貿易に携わる商人たちの要望に応えて，分割(特殊)仕訳帳制および補助簿の体系的使用，月次一括仕訳，荷口別商品勘定に代わる統括勘定の使用，売上計算書控え帳，植民地での交互計算帳(債権債務の両建て勘定)，送り状，年2回決算の推奨等を詳細に説いている[17]。また本書は，借方・貸方を左頁と右頁ではなく，1頁を二つに分けて左半分を借方，右半分を貸方という現代の元帳フォームを提示した最初の簿記書でもある。ただし実務では，すでに1340年のゼノヴァ市政庁やサン・ジョルジオ銀行の元

16　渡邉［2017］88頁「図表3-1」参照。
17　Booth［1789］pp.7-23.

帳(1408),あるいはヴェネツィアのソランツォ兄弟商会の新帳(1406-1434)がすでにこの方式で記帳している[18]。

　18世紀の後半から19世紀にかけて,イギリスでは,単なる教科書ではなく実際の実務に直接適用できる簿記書の出版が待望され,それに応えて,一方では小規模な小売商に適応できる簡便な簿記法が他方では大規模な貿易商にも適応できる複雑な簿記法を説いた多くの簿記書が相次いで上梓される[19]。まさに,この時代の日本が置かれていた状況をそのまま写し出しているといえる。

　しかし,皮肉なことに,ブースの掲げた取引例示は,実用性を重視したあまりに必要以上に複雑となり,かえってその実用性が損なわれてしまったという批判が,W.テイトによってなされた[20]。実務は,どうしても個々の特殊な取引をも想定内に取り入れ,極めて特殊な事例の解説にならざるを得ず,その結果汎用性が失われてしまったのである。過ぎたるは及ばざるがごとし,ということであろうか。このような批判に応えるために,メイヤーに代表される教科書用簿記書の利点とブースの説く実用簿記書の利点とを互いに取り入れると同時に,両者のもつ欠点を取り除こうと意図して著わされたのが,パトリック・ケリーの『簿記の初歩』(1801)である。

　ケリーは,まえがきで,簿記小史と題して,複式簿記の起源を中世ないしは近世初頭のイタリアに求め,パチョーリの『スンマ』(1494)からエドワード・トーマス・ジョーンズの『イギリス式簿記』(1796)に至る約300年間にわたって出版された主要な簿記書を取り上げ,複式簿記の歴史を簡単に振り返っている。恐らく,英文の簿記書としては,会計史に関して体系的に論述した最初の著作であろう。曾田や海野は,このケリーの簿記書を参考に複式簿記の沿革を著した。これらの著書がわが国において,簿記の歴史について論述した最も初

18　泉谷[1997] 52頁。
19　渡邉[1993]第6章参照。
20　Bywater and Yamey [1982] p.194.

期の著書となった。

　西川孝治郎によると，海野力太郎は，『簿記学起原考』を執筆した時点では，未だ「『学課起源畧説』を知らず，自ら英書『ベックマン氏ノ事物起源志』を見出してその大半を［そこから］引用した[21]」模様である。このヨハン・ベックマンの『発明と発見の歴史』(1814)の他に，参考文献には挙げられていないが，ドゥ・ラ・ポルトの『複式簿記入門』のドイツ語版(1762)や会計とは専門が異なるが，アダム・アンダーソンの『商業の起源に関する歴史的・暦順的推論』全4巻(1801)も引用されている。

　海野は，アンダーソンを引用しながら，次のように述べている。すなわち，15世紀の終わりに，代数に関する優れた著作が初めてヨーロッパで知られるに至った。本書におけるこの研究は，数学に関する多くの項目や利子，年金，支払期日，財産，割引等に対するすべての計算にとって，極めて有益であることが立証された。この印刷物の著者は，イタリアの修道士であるブルゴのルカスであり，1494年にベニスで印刷された。一部には複式簿記は，すでにペルシャ人やインド人や中国人によって，かなり昔に創案されていたという考えもあるが，さらに別の説では，プラトンの時代のギリシャ人に遡るともいわれている。また，一般にはラテン名ゲーベルまたはジーベルという名で知られているアラビア人が950年頃にこのすばらしい技法を創案したという説もあるとも述べている[22]。しかし，今日，会計史家の間では，複式簿記がこのゲーベルによって創案されたという論述は，どこにも登場してこない。一部に古代ローマ

21　西川[1982]200-1頁。
22　Anderson[1801] p.544. このラテン名ゲーベル(Geber)あるいはゲベルス(Geberus)は，アラビア名をアブー・ムサー・ジャービル・イブン・ハイヤーン(Abu Musa Jabir Ibn Hayyan：721?-815?)といい，アッバス朝時代のイスラム世界の哲学者であり，中世ヨーロッパの錬金術に大きな影響を与え，近代化学に基礎を与えた人物である。ただし，アンダーソンは，950年頃に彼によって複式簿記が創案されたと述べているが，ゲーベルが没したのは，815年頃であり，時代的にも矛盾がある。

起源説がないわけではないが，損益計算技法として史料的に実証されている複式簿記の誕生は，13世紀初頭のイタリアなのである。

すでに述べたように，曾田愛三郎が引用したドゥ・ラ・ポルトの『複式簿記入門』(1762)によれば，世界最初の簿記書は，1495年頃に"Bruder Lucas"によって出版されたと書かれている。1801年に出版されたケリーの『簿記の初歩』でも出版年度が1495年となっており，同様に1年の誤りが見られる。本書には「簿記小史」という節が設けられ，6頁にわたって簡単に簿記の歴史について触れている。そこで彼は，世界最初の簿記書が1495年に"Lucas de Burgo, a Friar"によって出版されたと述べている[23]。恐らく曾田は，このケリーを参考にして書いたものと思われる。それに対して，アンダーソンの著書では，パチョーリが『スンマ』を出版した年度に関して，1494年にベニスでLucas de Burgo, an Italian friarによって出版されたと正しく記されている[24]。3者とも，世界最初の簿記書の著者として，ブルゴのルカス（ルカ・パチョーリ）と記しているところに変わりはない。

曾田は，複式簿記の起源は古く，その古さ故に簿記の起源を正確に定めるものは少なく，また，多くの簿記書が出版されているがそのほとんどが借方・貸方の記帳原理を説くだけに過ぎず，その沿革について論じた著作はほとんどなく，必ずしも定説があるわけではないといっている。しかし，ある説によると1000年以上も前のインドのバロヤン人（ヒンズー人の1種族）が複式簿記をすでに知っており，5世紀の頃に初めてベニスに伝えたという説もあるとも述べている[25]。

23　Kelly [1801] p.vi.
24　Anderson [1801] p.544.
25　海野 [1886] 2頁．

4.『スンマ』出版年度に関するアンダーソンとドゥ・ラ・ポルトの相違

　この点に関して，海野は，アンダーソンから引用して，「簿記ノ學其ノ源ヲ伊太利ノ市中ニ發シタルコト疑フベカラズト雖モ若シ然ラズトセハ尚ホ此國ニ入リテ初テソノ衰運ヲ挽回シタル者ニシテ即チ當時各種ノ代數學ヲ教授セシベニス府中ニ流行セシコト尤モ信スルニ足レリ而シテ所謂複式即チ商賣記簿（メルチャント、アツカオンツ）ナル者ハ其源ヲ代數學ノ定則ニ採リタルモノニシテ其始テ代數學ヲ出版セシハ即チ夫ノ『セント、フランシス』位ノ僧リウカス、ジー、バルゴーナリ[26]」と述べている。さらに海野は，他の箇所で「古来世ノ學者ハ概子皆ナリウカス、ジー、バルゴー（或ハリウカス、パシヲラストモ云フ）ヲ以テ我カ簿記學著述者ノ鼻祖ト為セリ蓋シ氏ハ千四百年代ニ在テ尤モ有名ナル數學者ニシテ夫ノ亞拉比亞語ノ代數學ヲ飜譯セシハ則チマタ此人ナリト云フ氏ハ本ト『セント、フランシス』位ノ僧官ニシテ伊太利國ノフローレンチン領ベルビー公ノ采地バルゴー、エス、セープチロト云ヘル都邑ニ在リシヲ以テ世人ハ或ハ氏ヲ呼ブニ即チ此邑ノ名ヲ冠セリ而シテ氏ガ簿記學ノ著述ハ實ニ千四百九十五年ヲ以テ初テ世ニ出デタリ[27]」と述べ，パチョーリの『スンマ』の出版年度を1495年としている。

　しかしながら，彼は，「佛人ラ、ポルテ乃チ氏カ其著述ノ備ハラザルヲ痛論シ且ツバルゴー氏ノ前既ニ簿記ノ著述者アルヲ證明シテ曰ク千四百九十五ノ頃伊太利ノ人ブロザー、ルーキーナル者其國語ヲ以テ簿記學ノ書ヲ著ハセシモノ是レ即チ簿記學ノ主意ニ就テ初テ註釋ヲ下シタル歐洲最初ノ記者ニシテ余ガ知ル所ノ第一ノ者ナリ然レドモブロザー、ルーキーノ事今之ヲ舊誌ニ求ムルニ一モ記スル所ナシ乃チ知ルラ、ポルテノ言マタ未だ盡ク信スベカラズ[28]」とも述

26　海野 [1886] 3-4頁。Anderson [1801] p.544.
27　海野 [1886] 11-12頁。

べている。いささか長い引用になったが、これらのことから推測すると、海野は、アダム・アンダーソンが述べた『セント、フランシス』位の僧リウカス・ジー・バルゴー (Lucas de Burgo)(或ハリウカス・パシヲラ) とドゥ・ラ・ポルトが述べているブロザー・ルーキー (Bruder Lucas) とが、名前の表示が異なっていたことと出版年度の間にも1年のずれがあったことから、恐らく両者が同一人であるとの認識がなかったものと思われる。

『簿記學起原考』の13年後の明治32年 (1899) に出版された『實用簿記法』においては、「初めて之れ(複式簿記－渡邉注)の著述を為せしむは伊太利の僧リユカス、ジー、ボルゴーにして實に紀元千四百九十五年同國ベニス府に於て出版したるもの是れが簿記法の權興なりと云へり[29]」と述べている。すなわち、海野は、この時点ではすでに、アンダーソンが述べたリウカス・ジー・バルゴー (Lucas de Burgo) とドゥ・ラ・ポルトのいうブロザー・ルーキー (Bruder Lucas) が同一人であり、しかも、前者が1494年に、後者が1495年ころ出版したと異なった年代表示になっていたのも十分に理解していたはずである。

もしそうだとすれば、なぜ彼は、世界最初の簿記書を1494年のリウカス・ジー・バルゴー (Lucas de Burgo) ではなく1495年ころのブロザー・ルーキー (Bruder Lucas) にしたのであろうか。恐らく、『實用簿記法』(1899) では、ドゥ・ラ・ポルトやアンダーソンに加えてケリーの簿記書も引用されていることから判断して、海野は、商業史が専門のアンダーソンよりも会計が専門のドゥ・ラ・ポルトやケリーの説明に信頼を置いたものと思われる。すなわち、ケリーもまた世界最初の簿記書が「1495年頃に、同様に数学に関するいくつかの有益な著作も著した修道僧ルーカス・ブルゴの手によって、ベニスにおいてイタリア語で出版された[30]」と述べているからである。幾分冗長気味の長い説

28　海野 [1886] 12-13頁。
29　海野 [1899] 1頁。
30　Kelly [1801] p.vi.

明になったが，曾田がリウカス・ジー・バルゴーとブロザー・ルーキーの両者を別人と解釈していたかどうかについては，明らかではない。

いうまでもなく，アンダーソンのいうリウカス・ジー・バルゴーとデ・ラ・ポルトがいうブロザー・ルーキーは同一人であり，この人物こそ，1494年にヴェネツィアで世界最初の簿記書『スンマ』を上梓したフランチェスコ派の修道僧で数学者でもあるブルゴ・サンセポルクロ生まれのルカ・パチョーリその人である。

5. 東奭五郎『新案詳解商業簿記』(1903)

少し時代は新しくなるが，海野力太郎に次いで会計の歴史に関して論述した著書に，東奭五郎(1865-1947)の手により明治36年(1903)に出版された『新案詳解商業簿記』と明治41年(1908)の『商業会計・第壱輯』がある。東は，英語のアカウンティングを会計学と訳した最初の人でもある。

東は，慶應元年7月17日に，東彼杵郡三浦村(その ぎ)(現在の長崎県大村市)に生を受け，明治17年(1884)に東京外国語学校所属の高等商業学校に入学した[31]。卒業後，明治20年(1887)4月に函館商業学校に赴任し，以後，長崎商業学校，熊本商業学校，東京商業学校の教師を歴任後，明治35年(1902)に新設された神戸高等商業学校に転任した[32]。

彼は，明治34年(1901)に処女作『簡易簿記教科書』を同文舘より，翌年には『教科書適用・商業簿記十例題』を大倉書店から出版している。歴史についての論述が見られる『新案詳解商業簿記』(大倉書店)の上梓は，さらにその翌年のことになる。明治41年(1908)には『商業会計・第壱輯』(大倉書店)を，翌明治42年(1909)に『新案詳解・商業簿記問題集』(大倉書店)を出版している。大

---

31 明治35年(1902)に高等商業学校に改称(渡辺宗編[1977]60頁)。
32 渡辺宗編[1977]26-64頁。

正2年(1913)には『最近学説・簿記法大意』(宝文館),大正3年(1914)には『商業會計・第弐輯』(大倉書店),ならびに『実用会計監査法』(帝国會計協会編)等を相次いで著わした[33]。

複式簿記の起原と沿革に関しては,1903年の『新案詳解商業簿記』の第三編第八章「簿記の起源及び沿革」の583頁から596頁の合計14頁にわたって叙述されている。『商業会計・第壱輯』では第15章「簿記法古代の沿革」において154頁から195頁の合計42頁にわたって,当時の簿記書としてはかなり詳しく論述されている。前者は,主にケリーの『簿記の初歩』(1801)にもとづいて,後者は,エディンバラで出版されたリチャード・ブラウン編『会計および会計士の歴史』(1905)に収録されているフーゴの「簿記の歴史」をもとに紹介されている。『新案詳解商業簿記』が上梓された1903年には,ブラウンの著書は,まだ出版されていない。

ケリーは,当時簿記書を著した著者には「…二つの異なった[タイプの]…人からなっている。第1のグループは,そして最も多いのは教師であり,彼らは,実務の漸進的な改良を披露することなく原理を説明してきた。第2のグループは,原理の説明をすることなく実務の改良を提示してきた商人たちである。これら2タイプの著者たちの著作は,[いづれも]極めて有益である。したがって,それぞれの良さを統合するのがここでの仕事の目的である[34]」と述べている。『新案詳解商業簿記』(1903)は,このケリーの簿記書に大きな影響を受け,単なる実務の指針のための仕訳の方法を説くだけではなく,会計の理論を解説するためには会計の歴史を習得することが必要と考え,歴史について体系的に論究している。まさに,いかなる科学であれ技法であっても,その学問の本質を理解するためには,何よりもまず歴史に遡って研究することが重要であると説いている。大いに学びたいところである。

---

33 渡辺宗編[1977]127-134頁。
34 Kelly[1801] pp.ix-x.

東は，本書の冒頭で簿記を次のように定義している。「簿記とは人の財産に關する境遇，換言すれば其財政の有様を何時にても一目明瞭ならしむるの目的を以て是が最も秩序正しき記録の方法を講説する一學科なり[35]」と。簿記の起源と沿革に関しては，第三編「帳簿の變化及組織其他」第八章「簿記の起源及沿革」で簡単に述べている。簿記法の起源は，必ずしも明らかではないが，当時全盛を極めた商業を背景に，15世紀のイタリアのヴェネツィアで初めて行われたという説が最も信頼に値するものであると述べている[36]。

しかし，一部には複式簿記法は，遙か遠い時代から行われており，アラビアで発明されたという説もあるが，此の説には必ずしも明確な証拠があるわけではなく，単に単式簿記が存在したという以外に如何なる痕跡も挙げることはできない。したがって，複式簿記の起源をヴェネツィアの商人たちの実務の中に求めるのが確実であると記している。すなわち，複式簿記は，15世紀のイタリアのヴェネツィアで発明されたと結論している。この発明者，すなわち最も古い簿記書の著者がリューカス・デゥ・バルゴー (Luca de Burgo) であり，それが出版されたのが1495年であると述べている[37]。もちろん、ここでいわれているような複式簿記がヴェネツィアで発明されたとか，その発明者がパチョーリであったとする解釈が妥当でないのは，いうまでもないことである。

余談ながら，ここの説明では，もし複式簿記の生成以前に簿記が存在していたとすれば，それは，単式簿記であるといった趣旨の説明がなされている。こうした考えは，明治初期から今日に至るまでのわが国における一般的な解釈であり，東もこの解釈を自然に取り入れていたことが窺える。このような誤った解釈は，今日のわが国の多くの会計に携わる人の頭の中にも，ごく自然に刷り込まれているのではなかろうか。

35　東[1903] 1頁。
36　東[1903] 583頁。
37　東[1903] 586-587頁。

6.『商業会計・第壱輯』(1908)における会計史の論述

　明治41年(1908)に出版された東の第2の簿記書『商業会計・第壱輯』では，「茲に1494年に至りて，簿記法の一著書は『ヴェース』市にて初めて世界に紹介されたりき，著者は當時に最も有名なる數學者の一人にして，かの名を『リューカー，パシオロ』(Luca Patiols)(羅典名にてLucas Patiolus)と稱せり[38]」と述べ，『スンマ』の出版年度を1494年と正しく記している。

　この点に関して東は，海野の『簿記学起原考』でも参考文献にあげられているベックマンの『発明と発見の歴史』(1814)を引用して，複式簿記法の起源は，15世紀のイタリアよりも遥か昔に遡ることができるとも述べている[39]。しかし，中世ヨーロッパにおける商業の未発達とりわけ信用取引の未登場を考慮するとき，ルネサンス以降の近世初頭のイタリアで用いられていた複式簿記が古代の商人たちの間ですでに用いられていた簿記法を単に復興させたに過ぎないという説も存在しないわけではないが，その考えに対して東は，「此説必ずしも信據を置くに足らざるなり。何となれは同著者等の引用したる事實は單式簿記法の徃古に存在したるとの以外には何等の擧證を爲さゞればなり…種々の信用制度，爲替，保険等の如き進歩したる諸種の趣向の日常商人間に盛んに行はれて商業の面目茲に大いに革新の時期に達するときは商人の會計帳簿記録の方法も亦勢い之に倶ふ改良刷新を必要とするものなれば複記式簿記法の端緒は茲に初めて發明されたるものと云ふことを得べく[40]」と述べ，複式簿記の古代起源説には否定的な見解を披瀝している。しかしながら，それと同時に，アラビア語で書かれた代数に関する著作を最初に翻訳したヨーロッパ人と複式簿記

　38　東[1908] 167頁。
　39　Beckman [1814] pp.1-9.
　40　東[1903] 583-584頁。

に関する著書を初めて出版した著者が同一人であることを考慮すれば，複式簿記の最古の著書がアラビア人の発明によるものとする説にはまんざら根拠がないわけでもないとも述べている[41]。

このように，『新案詳解商業簿記』(1903)では，ベックマン，あるいはドゥ・ラ・ポルトやケリーやフーゴを引用しつつ，複式簿記の起源を近世初頭のイタリアのベニスに求め，最古の簿記書としてリューカス・デゥ・バルゴーの著作，すなわちルカ・パチョーリの『スンマ』をあげている。それに対して，『商業会計・第壱輯』(1908)では，主としてフーゴの『簿記の歴史』を引用し，彼の叙述にしたがって，パチョーリ以前の歴史，すなわち古代ローマ起源説についてもかなり詳細に説明している。しかし，「會計帳簿の今日まで傳へらるゝものゝ一は，1211年に伊太利國『フローレンス』なる銀行者の記録に係るもの[42]」であると述べ，複式簿記にもとづく最古の記録が1211年のフローレンスの1銀行家の勘定記録であることを明確に記している。

7. お わ り に

明治を迎え，わが国は，西欧列強に追いつけ追い越せの富国強兵の産業育成政策を強烈に遂行していく。このような状況下で，経済構造を根底から支える会計の基盤として，従来までのわが国固有の帳合法に代えて，欧米から新たな複式簿記システムの導入を試みた。その初期には，欧米諸国で広く用いられている洋式簿記，すなわち複式簿記による計算技法を闇雲に導入しようとするものであった。しかし，先駆者たちはすぐに，単なる記帳技法の説明だけでは真に複式簿記を理解するには至らず，複式簿記の基本原理を明確に解説する必要を感じ，その計算原理と同時に会計の生い立ちについても論究しなければなら

41　東［1903］586頁。
42　東［1908］154-155頁，Brown［1905］p.93.

ないという欲求に駆り立てられたものと思われる。こうした背景のもとで，欧米の著書の引用という形式を取りながら，いくつかの会計ないしは複式簿記の歴史に関する著作が登場してくる。

曾田愛三郎と海野力太郎の著書において，複式簿記の起源と沿革について主として引用された文献がドゥ・ラ・ポルト『複式簿記入門』(1685)のドイツ語版(1762)，アダム・アンダーソン『商業の起源に関する歴史的暦順的推論』(1801)，あるいはヨハン・ベックマン『発明と発見の歴史』(1814)であった。

この曾田や海野から約四半世紀遅れて出版された東奭五郎の『新案詳解商業簿記』(1903)では，会計の歴史に関する論述は，アンダーソンの他に，主としてケリーの『簿記の初歩』(1801)が，また『商業会計・第壱輯』(1908)ではリチャード・ブラウン編『会計と会計士の歴史』(1905)に収録されているフーゴの論考「簿記の歴史」が引用され，詳細な会計の歴史に関する論述が登場する。いわば，わが国における本格的な会計史研究の幕開けが到来したといえるのではなかろうか。歴史研究の重要性を十分に認識していた東は，大正5年(1916)52歳で神戸高等商業学校教授の職を辞し，東会計人事務所を東京丸の内に開設し[43]，わが国の会計実務の普及に大きな貢献をなしている。

今日，公認会計士の出題範囲には，単なる実務的な計算問題だけではなく理論的な問題も出題範囲に含まれている。これはまさに，当時，東が会計士として実務にたずさわる一方で，会計理論や歴史研究の重要性を複式簿記の導入期から十分に理解していたことと符合することになる。まさしく，真に実務を理解するためには，いつの時代においても，単なる制度解釈論だけではなく歴史を含めた理論研究が如何に重要であるかを如実に物語っている。単なる記帳技法としての解説に止まらず，その歴史を科学することによって簿記会計の学問的信頼性を確固たるものにしようとした先人の思いが伝わってくる。それは同

---

43 渡辺宗編［1977］129頁。

時に，やみくもに単なる財務報告のための手段である国際会計基準を導入するかのように思われる昨今の状況への警鐘でもあるのかも知れない。

第3章　取得原価主義会計と公正価値

1. は じ め に

　会計の利益計算構造を支えてきた複式簿記は，13世紀初頭の発生以来，その測定の基準を取得原価に求めてきた。もちろん，取得原価というのは，取引した時点の市場価値，すなわち時価であるのはいうまでもない。この取得原価による測定の最大の利点は，そこで測定された価額が歴史的な事実として，いつでも誰もがその価額の客観性あるいは事実性の検証を可能にさせるところにある。この事実性と透明性に支えられた正確性(プレシジョン)や検証可能性(ベリファイアビリティー)こそが会計ないしはその計算構造を支えてきた複式簿記の原点であり，会計に対する信頼性を確固たるものにした最大の要因なのである。会計ないしは複式簿記が800年もの長きにわたって継承されてきたのは，まさにこの事実性と検証可能性に裏づけられた信頼性(リライアビリティー)が担保されていたからこそなのである[1]。

　しかしながら，18世紀後半から始まるイギリス産業革命期を迎えると，それ

　1　FASBは，信頼性が必ずしも確実性(サータンティー)または正確性を意味しているのではなく，情報の利用目的が異なれば，信頼性もまた微妙に違ってくると述べている(FASB[1980] par.72-73, p.31. 平松，広瀬共訳[1994]96-97頁)。しかし，信頼性の原点は，あくまでも正確性にあり，FASBのこのような捉えかた自体，信頼性よりも有用性を先行した考え方であるといえよう。

までの国王による許認可制度によって設立されていた比較的特殊な株式会社に代わって,巨大でしかも有限責任制度が確立された近代的な株式会社が次々と出現してくる。このような巨大な株式会社においては,組合員相互間での利益分配のための配当可能な実現利益の計算という会計目的が広く一般の株主から資金を調達するための有用な情報提供へとその目的を徐々に転換させていく。とりわけ,今日の会計情報の有用性(ユースフルネス)や目的適合性(レレバンス)を前面に打ち出した意思決定有用性アプローチのもとでは,会計の主要な役割は,複式簿記の発生以来面々と受け継いできた取得原価による実現利益情報の提供ではなく,公正価値にもとづく包括利益情報ないしは企業価値情報の提供にその重心を移していく。なぜなら,投機家を念頭に置いた意思決定有用性アプローチの観点に立てば,伝統的な配当可能実現利益情報では金融資本主義の落とし子ともいえる投資ファンドの要求に応えることができなくなってきたからである。

その結果登場してくるのが,公正価値測定会計や将来のキャッシュ・イン・フローを想定した未来会計である。しかし,この公正価値測定会計のもとで今まさに否定されようとしている取得原価は,実は取引時点の公正価値の一端を構成する市場価値そのものであったという事実を忘れてはならない。いうまでもないことであるが,時の経過をごく一般的に過去と現在と未来の連続と捉える限りにおいて[2],われわれの主観的な意識の変遷の中で,未来が瞬時に現在になり,現在もまた次の瞬間に過去になっていく。果たして時間は,存在するのであろうか。

このように見てくると,元来,取得原価と公正価値は,本質的に異なった二つの測定手段ではなく,単なる時間的な推移によって生じた表象上の相違に過

---

[2] ここでは,ごく常識的に時間が過ぎゆくものと捉えたが,この「時が過ぎゆく」という考え方をどう解釈するかは,極めて難解である。時間論の本質的な哲学的論究が本章での目的ではなく,会計的主題と乖離するため,ここでは,これ以上の言及は控える。興味のある人は,例えば,滝浦[1976],大森[1996],入不二[2008]等を参照。

ぎないことが解る。両者が本質的に異なる概念であるとする捉え方は，単に情報提供機能が過度に強調された結果に過ぎないのである。ただ，公正価値を構成する一方の市場価値は，取得原価との本質的な差異はないとしても，もう一方の構成要素である将来キャッシュ・フローの割引現在価値は，仮定としての未来を現実の世界に置き換えようという異質の測定基準といえるであろう。

こうした状況下で，意思決定有用性アプローチは，会計が伝統的に踏襲してきた取得原価による配当可能な実現利益情報ではなく投機家(スペキュレイター)の投資意思決定に有用な企業価値情報にその重点をシフトさせてしまった。その結果，会計の利益計算構造を支えてきた複式簿記を完成せしめたもっとも根源的な役割である事実性や透明性，あるいは信頼性や検証可能性に対する重要性を等閑視させてしまった感を拭いきれない状況を生み出している。それが現代会計の現状ではなかろうか。

これら点を踏まえながら，本章では，取得原価と公正価値との関連を再吟味し，取得原価主義会計のもとでの公正価値の位置づけについて検討することにしたい。

2. フロー計算の意義と発生基準による会計処理

複式簿記は，13世紀の始めに，イタリア北方諸都市において，債権債務の備忘録として誕生した。それ故，発生当初においては，取引の継続的な記録，したがって複式簿記によって企業全体の総括的な損益を計算することはまだできなかった。すなわち，この時点では，複式簿記は，勘定間の閉ざされた体系的組織（貸借平均の理）が貫徹されるまでには至っていないことになる。複式簿記がその発生から完成に至るまでには，まだ百数十年の歳月が必要とされた。

重要なことは，複式簿記の完成へのプロセスで，初めに複式簿記がどのような役割を担って誕生したかということである。すでに第1章で述べてきたが，

発生当初は，取引の継続的な記録によって企業全体の総括的な損益を計算することがまだできなかった。その時代においては，組合員への利益分配は，集合損益勘定ではなく，実地棚卸で作成されたビランチオにもとづいて行われた。しかし，このビランチオで求めた利益に他の組合員から疑義が発せられたとき，何らかの方法でビランチオ上の利益の正確性を証明する必要に迫られた。この解決策として機能したのが集合損益勘定であったのは，すでに述べてきた通りである。証明手段としての役割を果たすこと，日々の継続的な記録にもとづく損益計算で信頼を勝ち取ったことが複式簿記を完成に導いた根源的な要因なのである。実地棚卸で求めた利益を日々の継続記録によって検証したことにより信頼を勝ち取り，複式簿記を完成させたのである。

　ビランチオで利益を計算していた段階から継続的な記録計算によって利益を計算するに至った要因が何であったのか，換言すれば，複式簿記を完成させた要因が何であったかを明らかにすることによって，われわれは，生成当初の複式簿記の本質が何処にあったのかを知ることができる。それと同時に，今日，現代会計が進もうとしている公正価値測定会計の危うさを同時に感じ取ることを教えてくれる。

　企業全体の総括損益計算を誕生させたのは，フィレンツェを中心に血縁以外の第三者と結成された期間組合（マグナ・ソキエタス）の出現であった。この期間組合こそが単なる債権債務の備忘録に過ぎなかった複式簿記に企業全体の総括損益計算を可能にさせ，集合損益勘定の出現を通して，複式簿記を完成に導いた直接的な要因である。いわば証明のため，換言すれば正確で検証可能な方法による信頼性の確保こそが，複式簿記を完成に導いた根幹なのである。

　証明のための記録であれば，当然のことながら，そこで計算された総括損益がいつでも誰によっても検証できる環境を担保しておかなければ意味を持たないし，もちろん多くの人から信頼性を勝ち取ることもできない。すなわち，必要があればそのすべての会計資料を開示することが大前提になる。透明性が担

保されて初めて利害関係者からの信頼を勝ち取ることが可能になる。財務情報の透明性と正確性に担保され，検証可能性に裏打ちされた信頼性が確保されたとき，複式簿記が損益計算の技法として市民権を得ることになる。この信頼性こそが生成から今日に至るまでの800年にも及ぶ長きにわたって，複式簿記を存続せしめてきた最大の要因なのである。

しかしながら，取引価額を基軸に据え，発生基準と実現基準によって支えられてきた損益計算システムも，時代の変遷と共に，いくつかのほころびを露呈してくる。すなわち，一方では発生基準によって期間損益を求める認識基準に対して，他方では取得原価による測定基準に対して経営者や債権者や一般の投資家，あるいは投資ファンドやアナリストといった情報利用者の多くから問題が指摘されるに至った（「図表3-1」参照）。

図表3-1 発生主義会計と取得原価主義のほころび

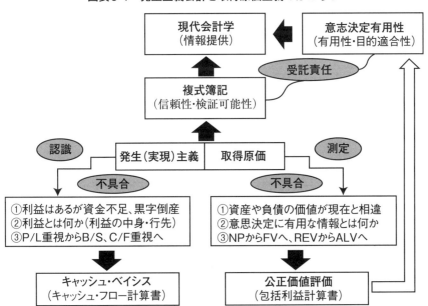

（渡邉［2017］160頁。）

発生基準による認識上の問題としては，損益計算書や貸借対照表上では利益が生じているにもかかわらず，その利益に応じた投資を行おうとしたとき，現実にはそれに見合うだけの投資可能資金が現金として手元に残されていないことに気がつく。いったい，利益は，何処に消えてしまったのか，理解できない状況が生じてくる。また，利益が出ているにもかかわらず，借入金の支払をしようとしたとき，その支払資金が手元にないことに気がつく。そうしたが状態が高じてくると，いうまでもなく黒字倒産という現実に直面してしまうことにもなりかねない。

　このように，その発生以来会計の利益計算構造を支えてきた複式簿記の費用収益の認識基準としての発生主義ないしは実現主義や測定上の評価基準である取得原価にも時の経過にともない，いくつかの不具合が生じてくる。また，国際化という荒波によって，会計が伝統的に継承してきた基本的な基準や基礎概念にも大きな変更を余儀なくさせてくる。

　もちろん，こうした発生主義によって生じる不具合を解消させるための試みは，過去においても行われてきた。第1章の［図表1-2］で示したように，当時世界最大の生産量を誇ったダウラィス石炭製鉄会社が損益計算書や貸借対照表上では利益が計上されていたため，新たに溶鉱炉を新設しようとしたところ，実際には資金不足に陥っていることに気がついた。利益が出ているのに投資資金がない。何故だ。工場長は，その原因が何処にあるのかを解明するために比較貸借対照表を作成し，利益とは一体何であるのか，利益が何処に消えてしまったのかを明らかにしようとした[3]。その結果，利益とばかり信じていた金額は，実は在庫として倉庫に眠っているだけのことだということに気がついたのである。発生主義で求めた利益と現実の資金すなわち現金とは異なることを思い知らされる。設備投資を行うに際して，財務諸表の結果を判断材料にしよ

3　渡邉［2005］178-179頁。

うとしたとき，そこに示された利益に相当する実際の投資資金が存在していない。貸借対照表や損益計算書に示された利益とは，いったい何なのだ。お金ではないのか。工場長にとっては，これらの財務諸表に表示された財務情報ないしは利益情報に対する信頼性が大きく揺らいでしまった瞬間である。

　こうして，財務諸表に示された利益の行先を求めて作成されたのが比較貸借対照表である。これが今日のキャッシュ・フロー計算書の原点になっていったのは，すでに第1章で述べた通りである。キャッシュ・フロー計算書は，発生主義にもとづいて計算された利益の信頼性を求めて作成された計算書といえよう。発生主義という認識基準から生じる矛盾を解明するための一つの手段として登場したのが今日のキャッシュ・フロー計算書の萌芽形態である比較貸借対照表である。この新たな計算書の出現もまた，会計が提供する財務情報の信頼性を確保するための一つの指標でもあった。

3. 時価評価の登場

　認識上の問題と並行して測定上の問題にも不具合が生じてくる。これまでの所有資産を取得原価で評価し，それを貸借対照表価額とするシステムに対して生じてきた問題である。もちろん，どのような項目を資産や負債として貸借対照表に計上するのかという認識上の問題も同時に生じてくるが，ここでは測定上の問題，特に資産の評価基準に焦点を当てて論じることにする。

　この資産評価に関しては，すでに16世紀イギリスで出版された多くの簿記書で，評価替えの具体的な記帳例による説明が詳しく解説されている。すなわち，貸借対照表に表示された資産，とりわけ建物やリースしている農地，あるいは売残商品や売掛債権等の貸借対照表価額が当該資産の現在の実際の価値と乖離している状況を生み出し，それによって様々な不都合が生じてきた。この不都合を終息させるために，時価による評価替えの実務が登場してくる。減価

償却ないしは減耗償却が登場する以前では，資産の時価による再評価は，当該資産の市場価値で行われた。今日の将来キャッシュ・フローの割引現在価値（公正価値）で評価替えするということはなかった。割引現在価値による測定の萌芽は，19世紀のイギリスのスティブリー石炭製鉄会社で減耗性資産の採掘にあたり，厳密な原価計算のために埋蔵量を推定するために行われた埋蔵資産の測定方法に由来するという解釈も一部にある。この点に関しては第5章でもう少し詳しく触れることにする。

会計が伝統的に継承してきた取得原価による測定に対して，市場価値で再評価する実務は，もちろんまだフェアー・バリューという用語は用いられていないが[4]，複式簿記の誕生と共に登場している。1211年の現存する最古の勘定記録においてもすでに，貸付金を時価で評価替えしている記録を見出すことができる。貸付金が返済不能になることを想定したうえで保証人をたて，貸倒れに対して損失を計上し，貸付金の現在価値への評価替えを行っている[5]。

また，固定資産に関する評価替えは，17世紀後半から18世紀前半に掛けてイギリスで出版された多くの簿記書に見出すことができる[6]。具体的には，1675年にロンドンで出版されたスティーヴン・モンテージの『やさしい借方と貸方』でリースした農場の評価替えの記帳例示がそれである[7]。この点については，直ぐ後で更に詳しく見ることにする。

1731年にロンドンで出版されたアレグザンダー・マルコムの簿記書『簿記あるいは商人の勘定に関する論述』では，建物勘定の記帳例示を掲げ，そこで

---

4 当時の時価は，present value, present price, present market price, current value 等様々な呼ばれ方がしていた。まだ，fair value という呼び名は，用いられていない。それに対して取得原価は，一般的には，first cost, prime cost 等と呼ばれている。
5 渡邉 [2016] 60-61頁。
6 渡邉 [2005] 87-92, 102-6頁。
7 Monteage [1675] 'Here followeth the Balance of the whole Leidger A', fol.9. 本書は，通しページが付されていないため，項目のタイトルと分類記号を記した。なお，モンティージの時価評価の記帳例示は，渡邉 [2005] 102-104頁を参照。

は，「〔資産の評価は，〕一般的には取得原価で行うのが好ましいが，その時々のもう一つの価値(アナザー・バリュー フロム タイム トゥー タイム)で評価する [方法] を選択してもかまわない。あなた方は，それらを本当の価値と思っているように[8]」と述べ，時価による評価が資産の真の価値を表わすことになるとの認識の下で，時価による評価方法を説明している。彼の説明によれば，18世紀の前半のイギリスでは，時価による評価が真実の価値を表わす評価方法ではあるが，実務的には取得原価で評価する方法が一般的であったように受け取れる。

　それに対して，マルコムと同年の1731年に出版されたリチャード・ヘイズの『現代簿記』では，決算に際して，売れ残った商品を時価で評価替えし，こうした方法が一般的であると述べている。ヘイズの簿記書は，期末棚卸商品を時価で評価替えした数少ない事例としてあげることができる。1741年には，同じくロンドンで，タイトルは異なるが『現代簿記』の増補版といえる『ジェントルマンの完全な簿記係』が出版されている。タイトルは異なるが，これは前著の増補改訂版で，前半の簿記に関する部分は，全く同じ内容である。

　元帳諸勘定の締切に関しては，第7章から第12章までの合計6つの章にわたって説明されている。その第8章「元帳を閉じることなく勘定を締切る方法」では，「さて，あなた方は，元帳にはいろんな種類の勘定が含まれているということを承知しておくべきです。そして，勘定の締切にあたっては，さまざまな種類や方法が行われている。先ず初めに，それがもし商品勘定であり，そして全てが売れ残ったときには，その売れ残った全ての商品に対し，勘定上の借方残高は，現在の市場価格(プレゼントマーケットプライス)かあるいは取得原価 (the Price they cost you) で評価する。第2に，商品の一部だけが売却されたときは，その勘定上の借方残高は，売れないままで残った商品の価値を取得原価か現在の市場価格のどちらかで [評価する]。注：商人たちは，通常，彼らの帳簿を締切るに際し，手持ち商

8　Malcolm [1731] p.90.

品をその時点で売却可能な市場価格で評価するのが一般的である。しかし，幾人かの商人は，そのようにしていない[9]」と述べている。

　ヘイズは，手持ちの売残商品を現在の市場価格で評価替えするのがこの時代の一般的な方法であったという。購入時点の市場価格，すなわち取得原価よりも現時点の市場価格，すなわち時価の方がより信頼できる情報と認識していたということができる。ここでいう信頼できる情報というのは，自分たちが現時点で所有している資産の実際の価値を知るための情報であり，それを何か他のことに利用するために有用な情報というわけではない。同じ有用性でも今日の有用性とは分けて考える必要がある。

　なお，ヘイズのいう現在の市場価格は，この注書きによって，帳簿の締切時点における売却可能な市場価格 (the Market Price they go on at, at the Time of their balancing)，すなわち売価を指していることがわかる。しかし，ヘイズの簿記書では，これらの売残商品を期末に売却可能な市場価格で再評価した具体的な取引例示がないため，そこで発生する評価損をどのように処理していたのかについては，確認することができない。同じく売残商品の時価評価を説いたロバート・ハミルトン (1743-1829) の『商業入門』(1777) に掲げられた取引例示では，その評価差額は，実現損益として損益勘定に振り替えられている[10]。恐らく，当時はまだ所得税 (1799年に設置，実際の施行は4，5年遅れる) も導入されておらず，また巨額の固定資産を抱える巨大な株式会社を念頭にした簿記書も少なく，評価差額が全体の利益に与える影響がそれほど大きくなかったからだと思われる。

　いずれにせよ，ヘイズの説明による限りでは，18世紀当時のイギリスの商人たちの実務は，売残商品を市場価額で評価するのが一般的であったといえる。

　9　Hayes [1739] pp.78-79. この点については，Yamey, Edey and Thomson [1963] p.116，および高寺 [1999] 95-97頁を参照。
　10　Hamilton [1788] pp.430-431.

しかし，ヘイズの前後に出版された多くの簿記書は，ジョン・メイヤー(1702/3-1769)に代表されるように，アカデミー(非国教徒専門学校)やグラマー・スクールの教科書用として書かれたものであった。当時は，英蘇合併(1707)後とはいえ，未だ旧教を信仰する人の多いスコットランドでは，裕福な商人たちは，子供をアカデミーやグラマー・スクールに入学させ，息子たちに商売や経営の基礎知識の一つである商業数学や簿記といった実学を学ばせた。したがって，こうした学校における教科書用簿記書では，複雑な複式簿記の記帳技法の原理を極めて分かり易く説くものが多く，複雑な決算実務を詳細に解説したものはまだ少なかったといえる。実務に直接役に立つ実用簿記書の登場は，前章で述べたように，18世紀後半になってからのことである。こうした要望に応えるために登場するのが理論と実務の両者の融合を目的として著わされたハミルトンやケリーの簿記書である。そこでは，時価による評価替えの方法も述べられている[11]。

4. 評価損益の会計処理

取引価額を取得原価で測定し企業の総括的な損益を計算する記録システムとして完成した複式簿記は，その誕生と共にすでに貸付金を時価で評価替えしている。すでに述べてきたが，1211年の最古の勘定記録では，貸付債権に対して貸倒損失が計上され，債権が時価で評価替えされている。その意味で，簿記は，その誕生と同時に混合測定会計として発生していたことになる。

17世紀後半から18世紀を迎えると，時価による評価替えの実務がさらに一般的になる。当時のイギリスでは，期末に保有する資産を時価で評価替えする方法を記帳例示と共に説明する簿記書が数多く登場してくる。帳簿上の資産価

---

11 渡邉[2005] 89-93頁。

値と実際の資産価値の間に大きな落差が生じてくると，再評価への要望もまた強くなってきたものと思われる。時価評価を正当化する背景には，貸借対照表の資産価値が実際の価値と乖離し，取得原価による測定では現時点における正確な資産価値を提示することができず，したがって，正確な期間利益の計算ができなくなるのではという疑念が生じてきたからであろう。ただし，この段階ではまだ，負債についての再評価の問題は，生じていない。

　もちろん，巨大な近代的株式会社が登場するまでは，有用性とか目的適合性（レレバンス）といった用語を使って，時価による評価替えの正当性を主張する簿記書が登場していたわけではない。しかし，決算時点における取得原価と現在価値との間に落差が生じたとき，貸借対照表の資産を現時点の正確な価値で表示するという観点から，資産を現在価値で評価替えする実務が一般的になってきたものと思われる。それに伴って，期末に生じた評価損益を実現損益として損益勘定に記載し，利益の額を修正している。もちろん，この時点ではまだ損益計算書は，形成されていない。この資産の評価替えの実務は，単に簿記の原理として簿記書の中で説明されていただけではなく，17，18世紀の商人たちの間で広く一般に行われていた。時価で評価替えされた資産の価額は，切り放し方式で決算残高勘定に記帳されるため，次期の評価額の変動もまた直接，期間損益に影響を与えることになる。

　では，モンティージやヘイズやハミルトンたちは，自らが提唱した市場価値による評価替えの実務を取得原価主義会計の枠組みの中でどのように捉えていたのであろうか。あるいは，捉えれば良いのであろうか。この点について少し考えてみることにする。

　先に述べたように，ヘイズは，評価替えの具体的な処理手順を説明するだけで，時価評価そのものについては，特段の解説を加えているわけではない。彼らは，恐らく，時価による評価替えを測定手段の新しいパラダイム転換とまでは見なさず，単に価格変動による貸借対照表価額の修正に過ぎない，換言する

と取得原価主義会計の枠組の中での修正のための処理法として捉えていたと解釈するのが妥当であろう。そのため，評価替えによる損失は，損益勘定に直接振り替えられ[12]，実現損益として処理されている。利益の中に占める評価損益の割合がそれほど大きな額ではなかった時代では，それを実現損益と処理しても，損益計算にとってそれほど大きな矛盾は，生じてこなかったのであろう。

この点に関して，モンティージは，1676年4月9日付けの帳簿の締め切りに際して，「グランジ農場」勘定の借方に1675年4月10日にリースした農業の価格300ポンドを280ポンドに時価で評価替えして，決算残高勘定に転記する記帳例示をあげている[13]。この決算残高勘定への振替の仕訳については，「（借方）残高（貸方）グランジ農場，その現在価値（プレゼント・バリュー）に対して－L 280，注：資本の勘定において，このリース[資産]は，300ポンドで評価されていたが，1年の時が経過した今は，その価値を減じるのが相当である[14]」と述べている。記帳例示では時価（市場価値）による評価損を当該資産勘定から直接控除すると同時に，その損失を損益勘定に振り替えている[15]。

余談ながら，イギリスでは，土地は本来国の持ち物であり，国王の所有物であるといった考え方が基礎になっているのであろうか，例えば99年リースといった長期間の借地権を買い取るという風習が今も残っているやに見受けられる。小さな島国のわが国も，外国籍の人への土地の売却については，リース取引に限定することが必要なのではなかろうか。気がつけば，他の国になっていることがないように。

モンティージより100年近く後になるが，ハミルトンは，通常，年1回の帳簿の締切に当たり，「もし商品（グッズ）や他の資産（プロパティー）が全て[期末に]手元に残れば，

12　Hamilton [1788] pp.412-413.
13　Monteage [1675] Leidger A, fol.4.
14　Monteage [1675] Here followeth the Ballance of the whole Leidger, the fifth.
15　Monteage [1675] Leidger A, fol.12.

残高一覧表[16]の借方に時価(プレゼントバリュー)で記帳する。そして,もしこの時価が取得原価(プライムコスト)と異なるときは,その差額は,損益勘定の適当な側に記帳される[17]」と述べている。すなわち,棚卸商品であるか固定資産であるかを問わず,資産に関しては,時価で評価するよう説明し,その評価損益を実現損益として損益勘定に直接転記する手続きを説いている。この点は,同時代のイギリスを代表するジョン・メイヤーの『組織的簿記』(1736)やその増補改訂版である『現代簿記』(1773)とは異なるところである。この相違は,メイヤーの簿記書が当時のアカデミーやグラマー・スクールの教科書用として複式簿記の基本原理を説いたのに対して,ハミルトンの簿記書が第4部で複式簿記の基本原理と仕訳処理を説明すると同時に第5部において当時の実務に直接適応できる実用簿記の説明も行っているところから生じてきているものと思われる[18]。これらの分析から,18世紀イギリスの会計実務は,資産に対しては,期末に時価で評価替えする処理法が一般的であったと見なすことができる。

5. 市場価値測定の位置づけ

資産の時価評価は,主として債権等の限られた資産に対してではあったが,すでに複式簿記の発生と同時に行われていた。しかし,17世紀から18世紀のイギリスでは,固定資産や棚卸資産に対する時価による評価替えの実務が当時の商人たちの間で広く一般的に行われていた。それに対して,19世紀を迎えると,鉄道業や製鉄業,あるいは鉱山業や綿工業といった巨額の固定資産を抱え

---

16 ハミルトンは,元帳の締切に先立ち,締切を正確に行い利益の概算を算出するために,資産・負債・資本の残高を残高表に費用・収益の残高を損益表に振り替えている。この二つの計算表は,様式は異なるが,今日の精算表の役割を果たしていた(渡邉[1993]第3章)。
17 Hamilton [1788] p.285.
18 Hamilton [1788] p.467-488.

る企業を中心に，厳密な原価計算への要求から，減価償却や減耗償却という新たな資産の費用配分法が登場してくる。その結果，減価償却の手法は，直接法で計上していけば，評価損の場合土地を除くと，償却後の資産価値と評価替え後の資産価値とは比較的近くなり，取得原価と時価の落差を緩和させる効果を持つ。減価償却が導入された後，資産の評価減の計上が少なくなるのは，恐らくこれが原因であろう。20世紀初めのシュマーレンバッハの動態論の登場とともに，取得原価主義会計の意義が再び強く主張されてくる。

　周知のように，今日の国際社会における会計の利益観は，資産負債（中心）観（資産負債アプローチ）である。この考え方を極めて単純に捉えれば，利益を収益と費用の差額として原因の側面から計算するのではなく，資産と負債を公正価値で再評価し両者の差額として結果の側面から利益を計算する方法をいう。したがって，その他有価証券評価差額や繰延ヘッジ損益，あるいは土地再評価差額や為替換算調整勘定といったその他包括利益（OCI）が損益計算書を経由せずに直接貸借対照表の純資産の部に算入される。その結果，クリーン・サープラス関係（連携利益観）が崩壊し，極論すれば，この資産負債（中心）観にもとづく損益計算にとっては，もはや損益計算書が不要になるところまで行きついてしまう。

　こうして見てくると，資産負債（中心）観にもとづく損益計算は，13世紀から14世紀にかけてのまだ複式簿記が完成していなかった時代に，当時の商人たちが継続記録とは無関係に，実地棚卸によるビランチオで分配可能利益を計算していた頃の考え方と同質のものを感じ取ることができる。日々の取引の正確な記録，すなわち取引事実にもとづく継続的な記録で企業利益を求めることができない段階では，組合員相互間での分配可能な総括損益を計算するためには，実地棚卸によって作成されたビランチオにもとづかざるを得なかった。今流にいえば，まさしく資産負債（中心）観的な利益計算である。歴史は，繰り返すのであろうか。この純資産の差額計算によって求めた利益を信頼できる取引事実

によって証明するために登場したのが，複式簿記であったはずなのであるが。

　もし，ストックにもとづく結果のみの損益計算が重要であり，フローにもとづく検証可能な損益計算が不要というのであれば，複式簿記は，一体何のために誕生したのであろうか。その発生以後百数十年の時をかけて完成させ，800年もの悠久の時を刻んで信頼を勝ち取り，進化させていったのは，一体，何のためであったのか。われわれは，国際化という時の流れにただ身を委ねるだけではなく，この歴史の重みを，今一度じっくりと再認識しなければならないのではなかろうか。

　すでに他稿で述べたところであるが[19]，われわれは，時価（プレゼント・ヴァリュー）あるいは公正価値（フェアー・ヴァリュー）の本質について今一度真正面から見つめ直す必要がある。今日では，公正価値は時価を指している。時価を公正な価値と呼ぶのであれば，時価以外の評価法は，不公正で誤った評価基準ということになる。言葉の魔術である。ただ時価を市場価値に限定すれば，もちろん第8章でも述べるように市場にも不完全な要素はあるが，実際に取引した事実が存在し，その事実を証憑等によって確認することができるため，市場価値にはそれなりの客観性が担保されているといえる。

　しかし，公正価値のもう一つの構成要素である将来キャッシュ・フローの割引現在価値は，未来価値であり，いくら緻密な計算式で求めたとはいえ所詮予測の価格である。そこには，この割引現在価値が将来において事実価値として実現するという保証はどこにもない。このような価値のどこに公正という名に値する客観性があるというのであろうか。ある投機家によって予測される将来の市場価格は，その他のほとんどの投機家やアナリストが同様の価格になると予想することによって，その予想価格がやがて現実の市場価格にでもなるというであろうか[20]。まさしく，予想の無限の連鎖によって支えられ，やがて予想

19　渡邉［2008b］10-11頁。
20　岩井［2006］31頁。

価格が現実価格になっていくのである。それ結果，予想価格が公正な価値と呼ばれたとしても，誰ひとり何の違和感もないというのであろうか。

繰り返しになるが，公正価値は，単に時価すなわち現在の価値を指すだけではなく，将来の価値すなわち来価をも指す概念である。一般に，時間は，過去・現在・未来に分類される。しかし，この点についてはすでに他著で論じたところであるが[21]，現在は瞬間の今であって，瞬きをしている瞬間に過去になる。だとすれば，現在という時間は，単に「過去と未来を分割し，両者を区別するだけの『長さも幅もない点』[22]」に過ぎず，未来もまた「言葉のあらゆる意味で『ない』のであって，それは，過去と現在に吸収されてしまう[23]」ことになる。だとすれば，実在するのは過去だけなのであろうか。

将来キャッシュ・フローという実在しない未来という時間で測定された価値のどこに，私たちは，その実在性を求めればよいのであろうか。会計ならびにその利益計算構造を支える複式簿記は，正確性や検証可能性に裏打ちされた現実に配当可能な利益情報を提供することによってその信頼を勝ち取ってきた。絵に描いた餅ではなく実際に手に取ることのできる餅である。実在する現在価値で評価する市場価値は別にしても，この信頼性をもっとも重視しなければならない会計的測定にとって，果たして現実に存在しない未来という時間によって測定する得体の知れない将来キャッシュ・フローとか割引現在価値といった測定方法のどこに，私たちの信頼を置くことができるというのであろうか。

同じ公正価値でも市場価値と割引現在価値は，本質的に異なる考え方である。両者は，決してひとくくりにされるものではない。時系列で見ていけば，現在という時間を一定の幅をもった帯として捉えるのか，瞬間の今として捉えるかによって違いが生じてくるが，「瞬間の今」という時間は，すぐに過去へ

---

21 渡邉 [2016] 277 頁。
22 入不二 [2008] 21 頁。
23 中島 [2007] 194 頁。

と吸収されていく。この「瞬間の今」における市場価値は，瞬きをした次の瞬間に過去，取得原価に変わってしまう。

　換言すれば，現在価値としての市場価値を長さも幅もない点として捉えるならば，過去と未来の単なる接点に過ぎず，取得原価と本質的には同じものになる。過去がかつての現在であるように[24]，取得原価は，かつての市場価値である。したがって，公正価値測定のうち市場価値（現在価値）による評価は，取得原価主義会計の枠組みの中に位置づけることができ，取得原価主義会計の部分的な修正と見なすことができる。事実，18，19世紀イギリスで出版された簿記書では，そのように位置づけている。しかし，公正価値会計のうち割引現在価値（未来価値）による測定は，それができない。なぜなら，未来に描く姿が寸分違わぬそのままの形で現実に転化することなどありえないからである。信頼を第一とする会計には相応しくない測定基準である。

6. お わ り に

　会計の利益計算構造を支える複式簿記は，13世紀初めに発生し遅くとも14世紀の30年代には完成を見る。著者は，その完成に至った第一義的な役割を実地棚卸で求めた企業全体の総括損益を継続的な記録によって証明するところに求めてきた。すなわち，原因の側面からフローで求めた利益によって結果の側面からストックで求めた利益を証明する技法として完成したのが複式簿記なのである。

　会計の原点は，透明性によって正確性と検証可能性が担保された信頼性の高い継続記録にある。しかし，この会計の利益計算構造を支えてきた複式簿記も，その誕生当初ではまだ集合損益勘定が形成されていなかった。そのため，

　24　このような考え方は，時間における運動，すなわち「時間の流れ」の錯誤を明らかにした結果の産物である（大森［1996］89-90頁）。

組合員への利益分配は，継続記録とは無関係に実地棚卸で求めたビランチオ上の利益にもとづいて行われていた。この実地棚卸による利益の正しさを証明するための技法として完成したのが複式簿記なのである。正確性と検証可能性に裏づけされた信頼性こそが会計の利益計算構造を支えてきた複式簿記の出発点であり，同時にまた到着点でもある。しかも，会計の信頼性を担保してきたのがまさしく発生（実現）基準を基軸に据えた取得原価，したがって購入時点の市場価値にもとづく損益計算である。そこで算出された企業全体の総括損益が信頼できる利益情報であったからこそ，複式簿記は，800年もの長きにわたって，会計の利益計算構造を支える役割を担い続けることができたのである。

　しかしながら，購入時点から時が経ち，長きにわたって保有していると，その資産の取得時の価額と現時点との価値の間に落差が生じてくる。その結果，会計の根源的な役割である利益計算機能にもさまざまな不具合が生じてくる。取得原価による測定だけで果たして正確な利益計算が可能であるのかという疑義である。こうした疑問を解消するために，当該資産を現在価値で再評価する会計処理法が登場してくるのである。

　また，18世紀後半から19世紀初めにかけて，それまでの組合や許認可制度によって設立された株式会社に代わり，巨大で近代的な株式会社が次々と誕生し，多くの株主を抱えるようになると，現在株主に1年間の企業成果を財務諸表を通して開示していく責任と将来株主に対して投資の安全性と有利性を開示する必要性が生じてくる。その結果，正確で検証可能な信頼できる配当可能実現利益の計算というそれまでの会計の主たる目的が，現在株主への説明責任と将来株主からの資金調達のための情報開示へと大きく舵を切り替えることになる。とりわけ，20世紀末から21世紀を迎えると，将来株主への投資誘因としての会計情報は，単なる過去の結果報告よりも将来にわたる見通しや将来の期待利益の開示がより有用になってくる。会計目的の転換である。その結果，発生基準を基軸に据えた取得原価にもとづく配当可能な実現利益（当期純利益）の開

示よりも公正価値測定にもとづく将来の予測利益(包括利益)の開示へと財務諸表の役割が変容してくる。財務会計の管理会計化現象である。

　2004年7月(同年9月に一部字句修正)にわが国の企業会計基準委員会(ASBJ)は，会計基準の基礎をなす概念の再検討を始め，その検討結果を討議資料として公表したのは，周知の通りである。討議資料では，国際会計基準が純利益に代えて包括利益の開示を求めているのに対して，「包括利益でもなく，ストックの評価額でもなく，純利益こそが会計情報の中心であるという伝統的なスタンスを敢えて強調し，再確認している[25]」。一時期，全面的な公正価値会計へと舵を切るかに見えた世界の動向も，ここにきて2007年に締結した「東京合意」による日本の会計基準を堅持しつつ，国際財務報告基準(IFRS)との主要な差異を解消する方向へと動き出した。混合測定会計である。如何なる測定基準が会計の本来の役割や目的を果たすうえで有効なのか，すなわち有用性や目的適合性だけではなく正確性と検証可能性に裏打ちされた信頼性の役割について，今一度会計の原点に立ち返って，再吟味する必要があるとの問いかけである。

　高寺貞男(1929-2014)は，バース(Mary Barth)やプランタン(Guillaume Plantin)等の論考を引用しながら，「あらためて指摘するまでもなく，『もしも市場がかなりの厚みをもちかつ容易に現金化できるならば，その時には，市場価格は信頼しうる尺度である』(Barth, p.4)ので『市場価値測定体系の[歴史的原価測定体系に対する]優位性は否定できないかもしれない。[しかし]不幸なことには，市場に不完全さが存在する時には，[市場価格が資産の「真実かつ公正な」価値ではないことがよくある』(Plantin et al., 2004, p.4)ので]歴史的原価[測定]体系と比べて市場価値測定体系の優位性はもはやそれほどはっきりしなくなる」と市場価値測定の限界を指摘している[26]。

25　斎藤編著[2007] 19頁。
26　高寺[2008] 236-237頁。

もちろん，市場にはこうした不完全さがあるのは否定できない。しかし，現実に取引された事実によって検証できるという点では，同じく公正価値といえども，将来キャッシュ・フローの割引現在価値とは質的に異なるものといえる。たとえ不完全とはいえ，市場価値による取引には事実による裏付けがある。しかし，割引現在価値という全く不安定で予測の範囲をでない不確定な価格で測定された情報のどこに，われわれは，信頼性を求めることができるというのであろうか。会計の主目的を将来株主の意思決定に有用な情報提供に求める世界的な動向の中で，今一度，単に信頼性の観点からだけではなく有用性の観点からも，公正価値で測定された包括利益情報よりも当期純利益情報（あるいは経常利益情報ないしは営業利益情報）が意思決定にとってより有用で信頼に値する情報であるということを再確認する必要がある。会計と経営は，別ものなのである。

第4章　会計学の本来の役割

1. は　じ　め　に

　会計学の本質が何処にあるかを解明する一つの手法に機能的アプローチがある。会計の果たす本来の役割が何であるかを追求することによって会計学の本質を明らかにしていこうというのである。そのためには，先ず会計の利益計算構造を支える複式簿記の発生当初の役割が何であったかを見ていくことが重要になる。

　すでに第1章で明らかにしてきたが，複式簿記は，13世紀初頭，イタリアの北方諸都市で債権債務の備忘録，すなわち公正証書に代わる文書証拠として産声を上げる。公正証書に替わる役割を果たすということは，いうまでもないことであるが，そこに書かれている内容が誰からも信頼されるというのが絶対的な条件であり前提である。この信頼を受けて誕生したのが複式簿記である。

　文書証拠として誕生した複式簿記であったが，13世紀のフィレンツェの商人たちの間では，同時代のヴェネツィアの商人たちとは異なり，組合員相互間での利益分配の必要性から，当初においては必ずしも定期的ではなかったが，期間に区切った総括損益を計算する必要性が生じてくる。しかし，この時期ではまだ集合損益勘定が設けられていないため，継続的な記録によって利益を求め

ることができず，それに代わる方法として，実地棚卸で作成したビランチオの利益によって分配を行った。

　しかし，実地棚卸の利益では，単に結果としての利益が表示されているだけで，なぜこれだけの利益になったのかという原因の側面からの説明が欠けていた。この原因からの説明として用いられたのが，日々の取引記録にもとづく計算，すなわち複式簿記における集合損益勘定で求めた利益による検証である。複式簿記を完成に導いたのは，結果としての有高計算による利益の正しさを如何にして証明するかという工夫の産物であった。複式簿記は，損益計算の信頼性を担保するための記録計算システムなのである。

　本章では，この会計の利益計算構造を支える複式簿記の第一義的な役割がどこにあるのかを今一度確認することによって，今日の会計が進もうとしている意思決定有用性アプローチの問題点を探っていくことにする。

2. 複式簿記の本来的役割

　13世紀初頭のイタリア北方諸都市の商人たちは，金銭の貸し借りに伴って生じるトラブルを回避するための文書証拠として複式簿記を誕生させる。当時，金銭の貸借に際して取り交わされたのは，第三者を交えて作成された公文書の公正証書（借用証書）であった。しかし，日常に生じる膨大な商取引すべてに公正証書を交わすには，あまりにも多くの時間とコストが要求される。これらの労力や金銭を節約するために，公正証書に代わって利用されたのが日々の取引を記録していた帳簿である。

　とはいえ，それぞれの商人たちが独自に記録していた帳簿にいきなり信頼できる資格を持った公証人の立会いの下で作成された公正証書と同等の役割を持たせるのに当初は少なからずの抵抗があったことは，容易に想像できる。何時の時代も何処の世界でも，伝統的な慣習に代えて新たな方法を導入するとき

は，既得権者による大きな抵抗が働く。そのために，日々の取引を記録した帳簿に誰からも絶対的な信頼を持たせる工夫が要求された。

　この帳簿記録の正確性，したがって信頼性を付与するために商人たちがしぼった知恵は，帳簿の初めに十字架を記し，そのすぐ後で神への誓いの文言（Al Nome di Dio, Amen）を書き込みイエス・キリストに帳簿が信頼できる証拠書類であることを誓うことであった。キリスト教社会では神への誓いは絶対的なもので，その神の助けを借りて，帳簿記録の信頼性を担保しようとしたのである。1211年にフィレンツェの一銀行家がボローニアの定期市で記録した勘定記録にもこの神への誓いと十字架を見出すことができるのは，すでに第1章で述べたところである。

　生成当初，公正証書に替わる文書証拠としての役割を果たす目的で誕生した複式簿記は，時の経過とともに信頼性を勝ち取り，徐々に市民権を獲得していく。この帳簿の信頼性への証が十字架を書き込むことであったが，こうした風習も17世紀を迎える頃には，やがて消えていくことになる。

　売残商品勘定を元帳内に設置し，年次決算を説いた最初の簿記書は，アントウエルペンの織物商ヤン・インピン・クリストフェルス（c.1485-1540）の『新しい手引き』(1543) である。本書は，彼の死後，妻によってオランダ語で出版され，同年に仏訳版が上梓されている。現存の英語版には，1547年に出版されるが，その大部分を占める記帳例示がなぜか欠落している。元帳の最初のページには，十字架とともに"In den name des Herren Amen"と書き込まれている。

　16世紀後半から18世紀全般にかけて，イギリスで数多くの簿記書が出版される。イギリス人によるイギリス最初の簿記書といわれるジェームス・ピールの『完全なる勘定の方法と様式』は，1553年にロンドンで出版されるが，そこでも帳簿の開始頁に日付そしてそのすぐ下に十字架が記され，最後に"The name of GOD be our helpe"と記されている。1569年に出版された第2の簿記書『貸借勘定熟達への小径』の日記帳，仕訳帳，元帳のそれぞれの冒頭にも"In the name of God 1566. December the xxxj Daye"と書き込まれている。

　1588年にロンドンで出版されたジョン・メリスの『勘定記帳の簡単な手引と方法』においても，仕訳帳の冒頭に"In the name of God, amen"と書かれ，記帳が開始されている。このように，16世紀後半に至るまでは，われわれは，まだ神への誓いが記された数多くの簿記書を見出すことができる。また，「悪貨は良貨を駆逐する」で有名なイギリスの貿易商でありエドワード6世（在位：1547-1553）の王室金融代理人でもあったトーマス・グレシャム（1519-1579）がつけた仕訳帳の冒頭にも，年号とともに"LAVS DEO 1546, 26 Apryll In the name of God Amen"という神への誓いの文言と十字架が記されている[1]。

　しかし，17世紀に入ると，状況に変化が見られる。1635年にロンドンで上梓されたリチャード・ダフォーンの『商人の鏡』では，1633年の棚卸目録から始まり1634年の日記帳，仕訳帳，元帳へと続く一連の帳簿の何処にも，十字架も神への誓いの文言も見出せない。時代は少し飛ぶが，1675年にロンドンで出版されたスティーヴン・モンティージの『簡単な借方・貸方』のどの帳簿にも神への誓いの文言は，記されていない。

　1705年にエディンバラで出版されたアレグザンダー・マギーの簿記書『複式簿記原理』における1705年の取引例示でも，日記帳，仕訳帳，元帳ともに記帳例示の冒頭に神への誓いの文言は，見出せない。恐らく，1590年代から1630年代に至る間に複式簿記による記録の信頼性に市民権が与えられ，帳簿上から十字架や神への誓いの文言が徐々に姿を消していったものと思われる。遅くとも17世紀の初めには，もはや神の助けを借りることなしに，複式簿記による記録に公正証書と同様の信頼性が付与されたといえるのではなかろうか。

　こうして，発生当初の単なる備忘録に過ぎなかった複式簿記は，トラブルが生じた時の公正証書に代わる重要な文書証拠としての役割を果たすようになっ

　1　渡邉[2017]1頁の挿絵参照。

ていく。ただ，同じく13世紀初めの頃と言っても，ヴェネツィアの貴族を中心に血縁によって結成された家族組合において記帳されていたヴェネツィア式簿記では，企業全体の総括損益を計算する要望も現実的な必要性もまたそれほど高くはなかったといえよう。それに対して，フィレンツェの場合は，血縁とは離れた他人と結成した期間組合が中心であったため，利益分配の必要性から，企業全体の総括損益の正確な計算が要求されると同時に，そこで計算された利益の正確性を検証することも必要になってくる。分配に供される利益の信頼性である。この信頼性を担保したのが複式簿記による継続的な日々の取引記録なのである。

3. フィレンツェの期間組合における損益計算

　繰り返し述べてきたように，発生当初の複式簿記は，もちろんその計算構造には原理的に利益を計算できるシステムを内包していたとはいえ，実際には債権債務の備忘録に過ぎず，費用と収益を集合損益勘定一か所に集めて，フローの側面から企業全体の総括損益を計算するまでにはまだ至っていない。恐らくこれは，電卓やパソコンがなかった当時では，複式簿記による計算の複雑さが，教育制度の未整備とともに，主要な原因であったものと思われる。この難解な複式簿記による記帳法に加えて，更に計算を面倒にしたのが，複雑な度量衡による金貨銀貨の換算計算である。こうした状況下では，複式簿記によって収益・費用を正確に計算し，決算に際して両者を集合損益勘定に集めて，その差額としての損益を求めることは，今日われわれが想像する以上に，容易なことではなかったものと推測される。しかも，13世紀から14世紀初頭にかけては，元帳に集合損益勘定自体を設けることがなかったり，たとえ設けられたとしても，そこには収益や費用だけではなく資産や負債の勘定残高までもが転記されていた。いわば集合損益勘定は，旧帳を新帳に繰り越すために設けられ

た，単なる寄せ集め(ホッチポッチ)の勘定に過ぎなかったのである。

　問題は，実地棚卸による時価評価で求めた利益の正しさをどのようにして証明するか，利益の正確性や信頼性をどのようにして担保するかにかかっている。その手段として考え出されたのが，神に誓った正確な取引記録，すなわち複式簿記による集合損益勘定で求めた利益によってビランチオで求めた利益を検証することであった。しかしながら，これまで見てきたように，集合損益勘定が単なる寄せ集めの勘定であるなら，実地棚卸で求めたビランチオの利益を検証することなど，できない相談である。

　そこで，考え出されたのが集合損益勘定に転記する勘定を費用と収益に限定し，資産と負債は，決算残高勘定に転記する方法である。その結果，集合損益勘定の差額として，継続記録にもとづく原因の側面からの信頼できる利益計算が可能になる。集合損益勘定と資本勘定が連結し，その結果，決算残高勘定を通して一つの勘定間の閉ざされた体系的組織（貸借平均の理）が完成する。こうしたプロセスを経て，やがて複式簿記は，公正証書に替わって信頼を勝ち取り，その第一義的な役割を文書証拠から損益計算に転換していく。これが複式簿記の完成である。誕生から百数十年の時を経た14世紀前半のことである。

　信頼を勝ち取るために最も重要な要因は，いつでも誰によってもこの利益の計算過程を確認できる透明性と事実によって証明できる検証可能性(ベリファイアビリティ)が担保されていることである。正確な記録による損益計算，それは同時に，単なる債権債務の備忘録に過ぎなかった記録を厳密な損益計算に昇華させたことを意味している。13世紀の発生当初の複式簿記は，公正証書に代わる取引事実を担保する文書証拠として機能していた。取引事実のすべての正確な記録は，商人たちの日常生活そのものの投影であり，商取引を通して生じる活動成果，具体的には利益を生み出した背景を映し出しているものである。

　複式簿記への信頼性は，ビランチオの利益を継続記録で証明することによって確保されたが，それによって企業の総括損益計算システムとしての複式簿記

が完成を見ることになる。われわれは，その初期の事例をフィレンツェのコルビッチ商会の帳簿(1333-1338)やアルベルティー商会の会計帳簿(1304-1332)あるいはダティーニ商会アビーニョン支店の第1期組合の帳簿(1367-1368)のなかに見出すことができる[2]。

しかし，複式簿記発生当初のフィレンツェでは，まだ複式簿記によって利益を計算することができなかったため，組合員への利益分配の必要性から必然的にそれに代わる方法を考えなければならなかった。それがビランチオによる計算である。このようなフィレンツェにおける損益計算制度を前期先駆的期間損益計算と呼ぶのは，すでに第1章で見てきたところである。このシステムが14世紀の半ばにヴェネツィア式簿記と統合し，帳簿記録にもとづく損益計算を誕生させる。これが後期先駆的期間損益計算であり，16世紀前半のフランドル地方や17世紀冒頭のオランダにおいて，やがて今日の1年ごとの期間損益計算（年次決算）へと進化していくことになる（図表1-1）。

4. 複式簿記の本質と生成時期

複式簿記の複式たる所以は，単に記録を借方と貸方に二分して記帳するだけだけではなく，そこで求める総括損益をフローとストックの両面から計算するところにある。いわば，企業全体の総括損益を原因と結果の二つの側面から明らかにして，複式簿記で求めた利益の透明性と信頼性を担保しようとしたのである。単なる結果の表示だけでは納得がいかないこともある。何故これだけの利益なのか，あるいはこれだけの損失を出してしまったのか，その理由を単に結果だけではなく原因の側面からも明らかにすることが会計担当者の責務でもあった。記帳にあたって，誤記や脱漏，あるいは虚偽や不正がなかったという

---

2 渡邉［2017］第5章，渡邉［2014］38-39頁。

会計責任を果たすことこそが，複式簿記生成当初における記帳係の最大の責務であった。そのためには，企業活動の成果としての総括的な損益を単に結果の側面（ストック）だけではなく，何故これだけの成果をあげることができたのか，あるいは何故これだけの成果しか上げられなかったのかについて，原因の側面（フロー）から明らかにしていくことが信頼性の確保にとって欠かすことのできない要因である。正確で信頼できる損益計算にとっては，フローとストック，すなわち原因と結果の二面からの計算が何よりも必要だからである。これが簿記を複式簿記として誕生させた必然性である。

いうまでもなく，複式簿記の計算構造においては，フロー（原因）の側面からの損益計算は，その完成当初では集合損益勘定が，19世紀以降では損益計算書が担い，ストック（結果）の側面からの損益計算は，完成当初は決算残高勘定が，後には貸借対照表が担ってきた。この両機能が相まって初めて複式簿記になる。では，もし単にフローの側面からの原因計算だけとかストックの側面からの結果計算だけが行われる損益計算システムがもし存在するとすれば，それを何と呼ぶのであろうか。フローかストックのどちらか1面のみからの計算なので，それを単式簿記，あるいは単記式簿記と位置づけることができるのであろうか。

この発想の原点は，複式簿記が誕生した13世紀初頭のビランチオによるストックの側面からのみによる損益計算をどのように位置づけるかにもある。まだ複式簿記が完成する以前のため，継続的な帳簿記録による集合損益勘定で企業全体の総括損益をフローの両面から計算することができなかった。その結果，組合員相互間での利益分配のために，実地棚卸によってビランチオを作成し，ストックの側面から利益を計算した。このストック1面のみからの損益計算を単式簿記と位置づけることができるのではないかという解釈がでてくる。しかし，簿記は，損益計算を前提にした複式簿記として完成したというのが私の立場である[3]。

確かに，14世紀半ばまでは，まだ複式簿記によって総括的な損益を計算するまでには至っていなかった。しかしこれは，複式簿記が持つ計算構造上の問題ではなく，単に複雑な度量衡の換算や計算能力の稚拙さによって集合損益勘定で正確な利益を計算することがまだできなかった，あるいは煩雑な計算のためになしえなかっただけのことである。いい換えると，そのような必要性がなかっただけのことである。発生当初に複式簿記で企業の総括損益を計算しなかったのは，決して，継続的な帳簿記録システム，すなわち複式簿記が持つ本来的ないしは本質的な欠陥では決してない。この点は，重要な所である。したがって，発生当初の備忘録の段階での簿記も，当然のことながら損益計算機能を内在した計算システムということができる。

簿記が13世紀の初めに備忘録として誕生したという事実は，複式簿記で損益計算ができなかったことを意味しているわけではない。簿記は，複式簿記として誕生し，その目的は損益計算にある。金銭の貸借には必ず借り手と貸し手がおり，商品の売買取引には売り手と買い手がいる。信用取引が発生すると，債権債務の当事者は，後のトラブルに備えて取引の詳細を記録する。これがトラブルが生じたときの証拠書類になる。この記録の信頼性を担保するためには，どちらか一方ではなく両面からの記録が必要になる。この必然の結果として，簿記は，借主 (debitor = 借方 = should give = 支払うべし) と貸主 (creditor = 貸方 = should have = 受取るべし) ないしは買主 (借方) と売主 (貸方) の二重記録，したがって複式簿記として誕生することになる。

もしその記録が損益計算を目的にしたシステムであるなら，たとえそれが結果の側面から財産の増減記録のみによる計算であったとしても，それは，単に原因の側面からの計算が結果計算の背後に隠されているに過ぎず，論理的には原因と結果の両面からの損益計算すなわち複式簿記であったと見なすのが妥当

---

3 渡邉［2017］7-8頁, 38-54頁。

である。結果計算には必ず原因計算が伴っているため，結果だけの計算などはありえない。また，原因のみによる計算が存在しないのもまた道理である。損益を計算する記録システムである以上，それは複式簿記の範疇に含まれる。決して単式簿記と位置づけることはできない。

簿記が複式簿記として誕生したということは，本来，単式簿記という損益計算システムは，存在しないことになる。単なる財産の増減記録や現金の収支記録は，簿記とは呼ばないからである。いわゆる単式簿記といわれている多くの記録システムは，敢えていうとすれば，経済行為の単なる断片的な記録に過ぎない。奈良時代の木簡に記録された物品の購入記録や租税物の付札，あるいは食料品の購入や役人の給料の支払いに伴う現金の断片的な収支記録を簿記すなわち複式簿記とは決して呼ばない。こうした単なる断片的記録と13世紀イタリアに誕生した記録システムとの間には大きな違いがある。発生当初ではまだ損益計算が顕在化していなかったとはいえ，損益計算を内在化させていたイタリア式簿記は，まぎれもなく複式簿記に位置づけることができる。損益計算を目的にした記録計算システムが簿記であり，その簿記が複式簿記なのである。繰り返しになるが，簿記は，複式簿記として誕生し，複式簿記以前に簿記は存在しない。損益計算を目的としない単なる現金の収支記録は，簿記ではなく，敢えていうならば，広義の会計，すなわち広く経済活動の変動を計数によって把握し，その情報を提供するシステムということができる[4]。

---

4 リトルトンは，「光ははじめ15世紀に，次いで19世紀に射したのである。15世紀の商業と貿易の急速な発達にせまられて，人は帳簿記入を複式簿記に発展せしめた。時うつって19世紀にいたるや当時の商業と工業の飛躍的な前進にせまられて，人は複式簿記を会計に発展せしめたのである」(Littleton [1933] p.368. 片野訳 [1978] 498-499頁) と述べているが，ここでいう会計は，会計学を指しいわば狭義の会計である。それに対して，しばしば複式簿記の発生と位置づけられる13世紀以前にも存在したであろう単なる現金の収支記録や財産の在高計算は，時として単式簿記と呼ばれているが，これらは決して簿記すなわち損益計算を前提にした計算システム，すなわち複式簿記ではない。このような経済行為一般に関する記録行為は，広義の会計と呼ぶことができる。

5. デフォーが提唱したいわゆる単式簿記

　18世紀前半にダニエル・デフォー(1660-1731)によって小規模の小売商人のために考案され，後半になりリチャード・ハットン(1737-1823)によって広く普及した交互計算としての単式記帳(シングル・エントリー)システムは，元帳に債権と債務に関する勘定だけが設けられる特有の記録システムであり，元帳勘定にはそれらの債権債務が相手勘定と共に複記(ダブル・エントリー)がなされている。このデフォーが提案した複式簿記の簡便法を簿記したがって単式簿記と呼ぶことができるの否かについては，判断の分かれるところである。
　なぜなら，デフォーの提案する取引の記録システムは，複式簿記の簡便法であり，そこでは，複式記帳によって債権と債務に関する取引を仕訳帳に記帳し，その債権と債務だけを元帳に転記し，決算に際して残高勘定を設けて転記し，交互計算を行う。すなわち，複式簿記に特有の仕訳帳や元帳という帳簿を用いているからである。しかし，元帳には損益勘定が設けられないため，元帳の残高勘定だけでは利益を求めることはできない。デフォーの提案する簡便法は，損益計算が目的ではないのである。そのため，決算に際して元帳内に設けられた残高勘定によって純資産額を求めることはできず，したがってまた損益が計算されることもない。この簡便法の目的は，複雑な複式簿記による損益計算にあるのではなく，小規模の小売商にとっては特に重要な債権債務の残高を計算するところにある。
　私は，簿記が13世紀初頭に複式簿記として誕生し，その複式簿記が14世紀前半に企業の総括損益を計算する技法と完成したと繰り返し述べてきた。だとすれば，元帳勘定で損益を計算することができない記帳システムを簿記，したがって複式簿記と呼ぶことに関しては，違和感を覚えざるをえない。だからこそ，デフォーは，自らが考案した記帳法を単に複式簿記の簡便法と名づけただ

けで，シングル・エントリーとも，もちろん単式簿記とも呼んでいない。

　それにもかかわらず，デフォーが単に簡便法と呼んだ記帳システムをハットンは何故シングル・エントリーと名づけたのであろうか。この疑問は，シングル・エントリーを単式簿記と訳したときから始まったといえる。複式簿記の本質が取引を借方と貸方に二分し，フローとストックの両面から損益を計算するシステムと規定したとき，単式簿記は，そのどちらか一方のみによる計算という解釈が可能になる。シングル・エントリーが明治期に単式簿記と邦訳されて紹介されたため，その訳が今日まで継承され，複式簿記と単式簿記の解釈や起源に関する論争に混乱を引き起こしている要因の一つになっている。

　シングル・エントリーをデフォーのいうように複式簿記の簡便法と理解すれば，単式簿記と訳するよりも福澤がいったように，略式と訳しておけばこうした混乱は生じなかったものと思われる。このシングル・エントリーを明治期に単式簿記と邦訳したことが，簿記は，単式簿記から複式簿記に発展したという誤った解釈の一つの要因になっている。デフォーの説く複式簿記の簡便法は，あくまでも簡便法であり，いわば不完全な複式簿記なのである。ペイトンも指摘しているように，いわゆる単式簿記は，取引を1度だけ記録するといった単純な方法ではなく，言葉の正しい意味では，単式簿記は存在せず，同時に「単式記入」簿記というものは，存在しないのである[5]。

　明治の初期に出版された簿記書は，わが国が洋式簿記を導入するに際して，多くの欧米の簿記書を参考にして，当時の商業講習所や高等商業学校の教科書として著わされた。その多くは，当時の欧米で出版された簿記書の翻訳版か横文字を縦文字に直して紹介したものに過ぎなかった。とりわけそこで参考にした英米の簿記書では，複式簿記の説明に先立ってシングル・エントリーの解説がなされていたため，ダブル・エントリーを複式簿記と邦訳するとき，それと

5　高寺 [1982] 34頁。

ゴロを合わせてシングル・エントリーを単式簿記と翻訳したものと思われる。そもそもの矛盾点は，この邦訳からスタートしたといっても過言ではない。シングルは，単に「単純」あるいは「簡単」と邦訳すべきであったのかも知れない。もしそのように邦訳していれば，シングル・エントリーは，デフォーのいうように複式簿記の簡便法ということになり，今日の単式簿記から複式簿記へといった混乱からも解放されていたのではなかろうか。

　恐らく福澤は，デフォーの『完全なイギリス商人』(1725)やハットンの『教師の手引き』第2版(1766)を読んでいたものと思われる。そのため，シングル・エントリーを略式，複式簿記を本式と邦訳して紹介した。簿記は，フロー（原因）とストック（結果）の両面による損益計算である。したがって，簿記は，複式簿記として完成したことになる。複式簿記の誕生以前には単式簿記を始め如何なる簿記も存在しないというのが私見である。

　わが国では，今日でもなお多くの会計の専門家や研究者の中にも，簿記は，単式簿記から複式簿記に発展したと理解している人が見受けられる。その原因の一つに，福澤諭吉の『帳合之法』では，単式簿記（福澤は原文のシングル・エントリーを略式と翻訳したが，後年その解説者が略式を単式簿記として紹介）に関する巻が明治6年に先に出版され，複式簿記（福澤は本式と翻訳）に関する巻が翌年の明治7年に1年遅れで出版されたため，単式簿記から複式簿記に発展したという無意識の刷り込みがなされてしまったのかも知れない。高寺は，すでに40年近くも前に，ヤーメイやシェアー，あるいはイェーガーやゾンバルトといったそうそうたる会計学者が，複式簿記が単式簿記に由来するものではなく，また単式簿記が複式簿記よりもはるかに遅れて複式簿記の1部を切り取って生じたものであるとする見解を明らかにしている[6]。

　6　高寺[1982]32頁。

6. お わ り に

　複式簿記の特質は，記録の二重性(借方と貸方)と計算の二重性(フローとストック)という二つの二重性にある。複式簿記は，生成当初においては，基本的にはすべての取引を擬人化し，返済すべき項目(di dare=shoud give=debitor)と受け取るべき項目(di avere=should have=creditor)に分類して，それぞれを借方と貸方に記帳した。17世紀に入る頃からは，取引の擬人化から脱却し，借方もdebitorではなくdebitに貸方もcreditorではなくcreditと表記されるようになる。人の貸借としてではなく物財ないしは収支の増減項目として理解されるようになる。

　他方，複式簿記は，単に取引を借方と貸方に二分して記録するシステムではなく，企業全体の総括損益をフロー(原因)とストック(結果)の二つの側面から計算するシステムである。重要なのは，複式簿記は，損益計算システムであるという点である。したがって，単なる現金の収支記録や財産の有高計算は，決して簿記ではなく，したがって複式簿記でもない。強いていえば，広義の会計ということができる。

　繰り返し述べてきたように，会計の利益計算構造を支える複式簿記は，実地棚卸で求めたビランチオの利益を集合損益勘定で求めた利益によって検証することによって遅くとも14世紀前半には完成する。このことは，決算残高勘定の利益と集合損益勘定の利益が一致することを意味している。フローの利益とストックの利益が一致することが複式簿記の大前提なのである。リサイクリングをすることなしに単に公正価値を表示するだけでは，ストックの側面からの利益を検証する術がなく，原因と結果の突き合わせによって信頼を勝ち取り，800年に渡って会計の利益計算構造を支えてきた複式簿記の存在意義そのものもなくなってしまう。信頼を失くした計算システムは，もはや長きにわたって

生きながらえることはできないであろう。手遅れになる前に，われわれは，会計誕生の原点である信頼性に立ち戻らなければならない。

第5章　信頼性（検証可能性）と
　　　　有用性（目的適合性）の狭間

1. はじめに

　アメリカ会計学会（AAA）は，かつて会計学を「情報の利用者が判断や意思決定を行なうにあたって，事情に精通したうえでそれができるように，経済的情報を識別（認識－渡邉注）し，測定し，伝達する過程である[1]」と定義した。その会計学の利益計算構造を800年に渡って支えてきたのが複式簿記であり，その複式簿記の役割は，利益を計算するための基盤になる日々の取引を正確に，かつ細大漏らさず記録することである。それに対して，会計の主たる役割は，複式簿記で計算された利益情報を利害関係者，とりわけ株主に説明する行為といえる。

　この会計情報について，AAAは，当該経済単位の内外で活動する人にとって有用なものでなければならず，この有用性は，①目的適合性，②検証可能性，③不偏性，④量的表現可能性，の四つの基本的な基準が順守されれば，提供する情報の不確実性が軽減されるとしている[2]。すなわち，会計情報の信頼性が担保されると。ただ，情報の利用者にとっては，歴史的原価では将来の利

---

[1] 飯野［1969］2頁。AAA［1966］p.1.
[2] 飯野［1969］12-13頁。AAA［1966］p.8.

益の予測や支払能力あるいは経営効率の予測といった目的には必ずしも十分ではなく，歴史的原価による情報だけではなく，時価による情報提供も必要と勧告している[3]。

問題は，そこで提供される情報，とりわけ利益情報の中身，すなわちどのような測定基準によって利益を計算したかである。会計は，その誕生以来，取引が成立した時点の市場価格，すなわち取得原価を基準にして利益を計算してきた。もちろん，決算に際しては，必要に応じその時々の現実の価格，すなわち時価によって修正を加えながら。すでに明らかにしてきたように，時価による修正実務は，1211年の現存する最古の勘定記録にも見出せるところであり，商人たちの叡智は，複式簿記の誕生当初から原価と時価の混合測定会計を行ってきたのである。

本章では，意思決定有用性にもとづく情報提供機能を第一義的とする現代会計の役割に焦点を当て，財務情報の信頼性と有用性の狭間で，ともすれば信頼性をなおざりにして有用性に軸足を移しがちな現代会計が志向している方向の危うさに歴史というフィルターを通して警鐘を打ち鳴らすことにする。

2. 損益計算を支える信頼性

会計は，認識，測定，伝達の三つの機能のうち最後の伝達機能にその中心的な役割がおかれている。現代会計の役割が意思決定有用性アプローチといわれる根拠がここにある。AAAの定義からすでに半世紀の年月が過ぎ去った。その間に，様々な世界を揺るがす環境変化，とりわけ2001年のエンロン，ワールドコムの不正会計処理に，2007年の後半から始まる低所得者向けの住宅ローンの焦げ付きのサブプライム・ローン，何よりも決定的なのは2008年のリーマ

---

3 飯野［1969］29頁。AAA［1966］p.19.

ン・ショックによって，単にアメリカだけではなく世界中に金融危機が波及した。その回復には，わが国でもバブル崩壊後の1900年代初めから，失われた20年といわれる長期間の停滞を余儀なくさせられた。当然のこととはいえ，こうした未曽有の経済不況は，会計の役割にも大きな影を落とし，会計の本質観にも変容を生じさせてきた。

　現代会計の最も基本的な役割が情報提供機能にあるという点については，誰も否定するものではない。しかし，近年の意思決定に有用な情報の提供という側面が過度に強調されると，その影響下で，財務会計は，これまで伝統的に踏襲してきた計算構造の枠組みを超えて，事実にもとづく結果の提示から乖離し，将来予測に有用な情報を提供する方向に大きく転換してしまった感を拭いきれない。いわば科学の世界から占いの世界への変身といえば言い過ぎであろうか。この転換がリーマン・ショックといった世界を震撼させた経済不況を2度と起こさせないために，しっかりと将来を見据えた将来の経営計画を樹立させるための情報提供になるのであれば，その有用性が必ずしも完全に否定されるものではない。しかし，現実がごく1部の投機家の短期的利潤の獲得に有用な情報提供に終始するのであれば，そのような情報提供は，有用どころかむしろ会計そのものの存在や役割を終焉させることにもなり兼ねない。

　明日を見据えた経営にとっては，未来の動向に関する予見と明快な洞察力が必要であるのはいうまでもない。将来の展望をしっかりと見定める能力は，経営者にとってもっと必要とされる資質である。しかし，会計とりわけ外部報告という公的な性質を持つ財務会計の役割と内部報告という私的な性質を持つ管理会計や経営の意思決定のための役割とは，分けて考えなければならない。この点については第8章で詳しく述べるが，会計にもとづく財務報告書が投資家の意思決定に与える貢献度は，1993年にはそれでもまだ10％程度とはいえ残されていたが，2013年にはさらに当時の半分の5％程度に落ち込んでいる。それに対して，会計以外のアメリカ証券取引委員会（SEC）の提出書類との価値関

連性は，27％近くに及んでいるとの実証研究も提示されている[4]。

　現実の経営では，行き過ぎた期待が結果と異なった時に，自己が下した予測の正当性を主張するため，現実の数値を自分が想定した予測の数値に修正するといった状況を生じさせてしまうこともある。いわゆる粉飾である。会計不正が取り返しのつかない破綻をもたらすのは，東芝の不正会計処理の問題やごく直近では瞬時に世界中をかけ巡った「ゴーン・ショック」といわれる日産自動車の最高責任者による有価証券報告書の虚偽記載による金融商品取引法違反に対する疑惑である。もちろんこれは，ガバナンスの問題でもありまたそれを超えた複雑な権力の綱引きや政治的な背景も含まれているのかも知れない。こうした会計に関わる様々な問題が相次いで引き起こされている。

　不況に陥った会社を人件費の大幅な削減や多くの従業員のリストラ，あるいは外国資本への身売りや提携等によって再建し，その手腕が認められて，普通のサラリーマンが一生働いても手にできないほどの巨額の報酬をわずか数カ月で手に入れる。そんな不条理が平気で横行しているのが，金融資本主義の産み落した現代社会なのである。日本が長年にわたって培ってきた風土とはとても馴染めない感覚である。こうした矛盾は，世界中で経済的格差を拡大させ，国内では治安の悪化，国際間では飢餓や紛争を拡大させている。不正を許さない，見過ごさない，とりわけ成果の正常な分配のあり方等について会計制度や会計法規によるチェック・システムを規定し制度化して，失われた信頼を取り戻すことが何よりも重要である。信頼の回復こそが今日の会計学に課せられた重要な役割なのではなかろうか。

　すでに述べてきたが，簿記すなわち複式簿記は，13世紀初頭イタリアの北方諸都市で公正証書に代わる債権債務の備忘録すなわち文書証拠として誕生した。誕生当初は，集合損益勘定がまだ元帳内に設けられておらず，そこでは企

　4　レブ，グー共著，伊藤監訳［2018］70-71頁。

業の総括損益を帳簿記録によって計算することはできず，簿記の役割は，単に債権債務の備忘録に過ぎなかった。しかし，複式簿記は，その生成当初から取引をフロー（原因）とストック（結果）の両面に分解して損益を計算することが可能な計算構造を内在した記録計算システムなのである。

　そのため，たとえその発生当初においては，まだ元帳内に集合損益勘定が設置されず，企業全体の総括損益の計算が行われていなかったとしても，複式簿記の計算構造自体は，単なる債権債務の備忘録ではなく，企業の総括損益の計算システムとしての機能を内在化させていたことに変わりはない。複式簿記が持つ発生当初の役割が文書証拠であったということと，その本質的な役割が損益計算であるというのは，決して相矛盾するものではない。簿記は，複式簿記として，しかも単なる債権債務の記録システムではなく，損益計算システムとして発生したのである。ただし，損益計算機能が複式簿記システムのなかで顕現化するのは，元帳内で集合損益勘定がその本来の機能を果たす14世紀前半の後期先駆的期間損益計算制度が形成されて以降のことである。

　会計の利益計算構造を支える簿記は，英語でブック・キーピングというように，企業の期間利益を計算するために，日々の取引を細大漏らさず，かつ正確に帳簿に記録する行為を指す。現実に生じる様々な経済現象の中から会計上の取引を識別・認識して，それを細大漏らさず正確に記録していく行為が複式簿記の最も根源的な役割である。したがって，簿記として最初に行われる行為は，日々発生する様々な取引を帳簿に記録することから始まる。次に行われるのが，記録にもとづいて企業の総括的な損益を計算することである。取引の細大漏らさない正確な記録とその記録にもとづく損益計算が簿記の根幹である。これによって簿記の信頼性が確保されているといえる。こうして計算された信頼できる利益情報を利害関係者に提供するのが会計の役割である。

　ドゥ・ルーヴァは，簿記生成のキーワードとして信用と組合と代理人の三つをあげている。ただ第三の代理人への報告機能は，会計にとって主要な役割で

あったとしても，簿記にとっては二次的な役割といってよかろう。もちろん，簿記の生成期においても，共同事業者としての組合員への報告や支店の責任者が事業主に経営成果の報告をなす責務が代理人関係間で共有されていたため，複式簿記の役割にも報告機能が含まれるが，基本的にはこの情報提供機能は，簿記ではなくむしろ会計の中心的な役割といえる。

なお，利益の計算に際しては，貨幣という共通の尺度で記録することが前提になるが，そこで重要になるのは，どのような物差しで利益を計算するか，測定基準を何にするかという問題である。利益を計算する際，資産の価値をどのような評価基準で決定するかによって，利益の額に大きな違いが生じてくる。取得原価で行うのか公正価値で行うのかは，極めて重要な問題である。しかし，測定は，あくまでも利益計算をする上での計算属性の問題である。計算上の属性の相違によって会計の本質それ自体が変容することはない。簿記の原点は，取引の正確な記録である。初めに記録ありきであって，測定属性の違いによって記録する行為そのものに，変容が生じることはない。ただ，認識の問題は，認識のあり方それ自体の違いによって，記録される会計行為と記録されない会計行為が出てくるため，複式簿記の役割やひいてはその本質感にも大きな影響を与えることになるのは歪めない。

14-15世紀を迎えると，組合企業もその規模を拡大させ，各地に支店を設けるようになる。14世紀の前半に活躍したフィレンツェを代表するバルディー，アッチアイウォーリ，ペルッチの3大商会等は，きわめて合理的な会計システムによって経営を管理し，ダティーニ商会は，マルコで代表されるように，支店ごとに組合契約を締結し，各店舗から送られてくるビランチオや書簡によって経営を統括的に管理していた[5]。各支店や店舗の責任者は，当然のことながら，彼らの会計責任を果たすために，その初期においては必ずしも定期的とは

5　泉谷［1997］288頁。

第5章　信頼性（検証可能性）と有用性（目的適合性）の狭間

限らないが，本店の責任者に当てて経営状態と財務状態の報告をしなければならなかった。報告の義務づけである。

　すでに述べたように，簿記の始まりは記録であり，報告は，会計の中心的な役割である。信用取引によって生じた記録と代理人業務によって始まる報告の両者を繋ぐ架け橋が［期間］組合の出現による損益計算である。もちろん，簿記の役割の中にも組合員相互間での情報の共有という観点から報告機能が含まれている。ただし，簿記における報告は，組合員相互間や支店の責任者から事業主へといった経営内部での報告が中心である。それに対して，会計学における報告機能は，現在株主への受託責任の履行であり将来株主への資金調達のためといういわば外部報告が目的になる。同じ報告でも報告の対象や目的が異なるのである。

　報告の原点は，会計責任の履行であり，後に株式会社が登場してくると報告の責任の対象が経営内部から経営外部に移行し，会計責任の遂行から受託責任の遂行への移行といういい方がなされるようになる。いずれにせよ，委託者からの責任を遂行するためには，何よりも報告媒体への信頼性が根底に担保されていなければ意味がない。経営の委託者と受託者との間の信頼関係は，ドゥ・ルーヴァの掲げる代理人業務を前提として初めて成立することになる。

　こうして，組合の場合は共同経営者に，株式会社の場合は株主に経営成果を報告し，それにもとづいて利益を分配していく。しかしながら，19世紀を迎えると，産業革命の進行に伴って鉄道会社や製鉄石炭会社あるいは織物会社といった巨大な株式会社が出現する。当然のことながら，機関車の購入，炭鉱や溶鉱炉の建設や自動織機の設置等に莫大な資金が必要になる。これらの代金を支払うためには，たとえ損益計算書や貸借対照表に利益が計上されていたとしても，その利益に対応する現金が手元になければ，支払いを決済することはできない。利益があっても現金があるとは限らないのである。発生主義会計の問題点である。そこで登場してくるのが，18世紀後半の当時世界最大の製鉄会社

に登りつめるダウライス製鉄会社で工場長によって作成された比較貸借対照表である。これが今日のキャッシュ・フロー計算書の萌芽である[6]。

　現行の会計基準では，収益費用は，発生主義（実現主義）によって認識されるため，損益計算書や貸借対照表で求められた利益と手元にある現金とは一致しないのが普通である。そのため，もし利益が出ているにもかかわらず現金が不足している場合は，実際の賃金の支払いや配当を行う際，あるいは巨額の設備投資を行うときには，金融機関からの借入が必要になる。利益と現金との落差は，発生主義会計の抱える大きな課題である（図表3-1）。その結果，第3の財務諸表として，キャッシュ・フロー計算書が基本財務諸表に加えられることになった。

3. 認識，測定，伝達の逆流現象

　話しを少し戻すことにする。信用取引，組合企業，代理人業務の発生が記録，計算，報告の三つの基本的な機能を有する複式簿記を誕生させるが，複式簿記は，先ず日々の取引の細大漏らさない正確な取引の記録からスタートする。次いで，この記録にもとづき発生主義によって総括的な期間損益を計算し，その結果を株主を始めとする利害関係者に報告する損益計算システムである。今日では，会計の主たる役割は，資本の受託者（経営者）が資本の委託者（株主）に対して受託した資金の運用成果を報告することにある。近年，信頼性に代わって受託責任が主張される根拠がここにある。換言すれば，会計とは，現実に生じた様々な経済事象の中から会計上の取引を認識して，貨幣額によって金額を付して利益を計算し，最後にそこで求めた1年間の企業成果を利害関係者に情報提供する行為である。

　6　渡邉［2017］130-141頁。

こうした［認識→測定→伝達］という一連の流れが会計の根底にある。この図式の中には，会計の継続的記録が事実にもとづく取引記録を示しているという最も根源的なメッセージが含まれている。実際に生じた取引にもとづいて記録し，その記録によって利益を計算し，受託責任を果たすために株主に報告する。この認識→測定→伝達の流れが正常な会計のプロセスを示しており，帳簿に記録された取引事実にもとづいて損益を計算し，その結果を株主に報告する一連の流れが会計の信頼性を支えてきた最大の要因でもあった。

しかし，昨今の意思決定有用性アプローチのもとでは，この一連の自然の流れに逆流現象が生じてくる。今日の財務会計の目的は，情報の利用者の投資意思決定に有用な将来予測情報や企業価値測定に有用な情報を提供することに主眼を移してきた。そのため，初めに記録ありきではなく，株主が期待する利益の報告（伝達＝情報提供）が先行し，その利益を実現するための最も都合の良い測定基準が選別され，それに符合する経済事象のみを会計上の取引として認識するという取引の自然の流れと逆流する，初めに取引ではなく，初めに報告ありきといった現象が生じてくる。

何よりも最初に情報利用者にとって有用な情報を選別し，次いで，利用者が望む利益に近くなる測定基準を決め，それに適合する経済事象のみを会計上の取引として識別・認識する。いわば，［伝達→測定→認識］という逆流現象が生じてくる。先ず，都合のよい情報を作り出し，その後でその情報に符合する利益額を算出し，その利益に合った取引を作り上げていく。現実にはなかった取引までも存在させてしまうというありえない事態が生じてくる。こうした状況が不正な会計処理の温床になっていく。

その結果，様々な会計処理法は，意思決定に有用な情報を提供するという大儀名分のもとに設定され[7]，極論すれば，報告書類の作成者がその利用者の要

7　井上［1975］2-3頁。

求する資料のみを報告するという事態すら生じてくるのである。まさに，粉飾を生み出す温床にもなりかねない状況である。こうした状況下では，当然のことながら，極めてバイヤスのかかった情報のみが提供され，意思決定有用性あるいは目的適合性という「錦の御旗」のもとで，会計本来の役割である正確性と検証可能性に支えられた信頼性や透明性が大きく後退し，真の意味での有用性が損なわれてしまう。現代会計に見られるように，「投資意思決定への役立ちを強調するかぎり，…情報の基準を重視するしかなく，その結果，複式簿記の論理あるいは貸借対照表・損益計算書の論理を無視ないしは軽視することになる。かくして，投資意思決定説に依拠する論者は，いわば論理必然的に，貸借対照表・損益計算書の全体としての有意味性を無視し，個々の項目に着目せざるを得なくなる[8]」のである。本来，信頼される情報こそが有用であるはずなのに…。

　いうまでもなく，会計の出発点である認識にとって最も重要なのは，原始記録にもとづく正確で細大漏らさぬ信頼できる取引事実である。この信頼性を担保するのがいつでも誰れによっても検証可能な透明性にある。原始記録に対して検証可能性が担保されるからこそ，複式簿記で計算された利益に対する信頼性が付与され，その結果800年もの長きにわたり，複式簿記は，経済の根幹を支え続けることができたのである。そして，この正確で信頼のできる記録もとづく損益計算こそが，会計ならびに複式簿記の原点であり，事実にもとづく記録によって初めて正確性や信頼性が確保されるのである。

　一般に，財務会計は，過去会計と呼ばれている。取引が実際に行われた時点の事実としての情報を提供するところに財務会計の本来の役割がある。財務会計が過去会計である当然の帰結として，そこにおける測定基準は，事実にもとづく測定値である取得原価で行われる。いうまでもないが，取得原価は，取引

　8　笠井 [2005] 40頁.

時点の市場価値，すなわち時価である。しかしながら，バブル期のように取得時点と現在時点との間に大きな価格差が生じてきたとき，果たしてどちらの情報が投資意思決定にとって信頼できる真実な情報になるのか，ということが問われてくる。購入時の取得価格は，現在の本当の資産価値を表示していないのではないかという疑念である。その結果，過去（大過去＝取得原価）と現在（近過去＝時価）との落差を修正するために，取得価額を現在価値（時価）に修正する実務が採られるようになる。時価情報の提供が要求されるに至ってくる。

　財務会計は，過去会計であるがゆえに，現実に存在した事実情報を提供することによって，ゆるぎない信頼を勝ち取ってきた。しかし，提供する貸借対照表上の資産価値と現実の資産価値との間に乖離が生じてくると，時価で取得原価を修正する要求が強まってくる。取得時点の価値を現在の価値に評価替えすることによって，両者の間のズレを補正しようという試みがなされる。こうした取得時点の価値を現時点の価値に修正する実務は，すでに1211年の現存する最古の勘定記録やその後のフィレンツェの商人たちが記録した会計帳簿の中にも見出すことができるのは，すでに繰り返し述べた通りである[9]。

　しかし重要なことは，取得原価会計の下で採択されていた時価への修正実務は，購入時の価値を現在の実際の価値に置き換えるだけのことであって，将来キャッシュ・フローの割引現在価値による評価のように決して未来の予測計算を導入するものではない。固定資産の時価評価は，決算時点での現実の市場価格による修正である。決して予測による修正ではない。また，貸倒引当金や減価償却累計額の設定は，一見，割引現在価値と同様に将来の予測計算のようにも見えるが，決してそうではない。前者は，これまでの過去の経験値の積み重ねによって算出される金額であり，後者は，実際に過去に支出した固定資産の額にもとづく配分である。耐用年数の見積もり違いが生じた時は，当然のこと

9　渡邉［2017］16-17頁。

ながら間違いが生じた時点で修正を施す。極めて不確実な未来の将来キャッシュ・フロー計算や将来金利の割引計算といったまったくの予測計算とは，同じ将来の予測計算といえども，明確に分けて考える必要がある。単純な時価による評価替えの会計処理法は，取得原価会計という従来までの財務会計の枠組みから決して逸脱したものではない。

　しかし，公正価値会計の考え方は，例えば市場のない金融商品を期待される将来のキャッシュ・インや将来の金利を想定して評価しようというものであり，いわば，本来，過去会計といわれてきた財務会計に将来の予測を取り込む未来会計への変容という状況を生み出してきた。ある意味では，財務会計の管理会計化現象ということができるのかも知れない。すぐ後で述べるが，将来キャッシュ・フローの割引現在価値による評価方法の萌芽は，19世紀のイギリスのスティブリー石炭製鉄会社に見出せるとの解釈も一部にみられるが，そこでの割引計算は，減耗性資産の採掘にあたって，厳密な原価計算のために埋蔵量を推定したに過ぎず，いわば減耗償却のための原初的な形態として捉えるべき処理法である[10]。同じく予測による資産の再評価と見られがちであるが，今日の将来キャッシュ・フローの割引現在価値とはその基本的な考えを異にしているといえよう。昨今の公正価値会計における利益概念は，当期純利益に未実現利益をも包含した包括利益へと変容し，そこに未来計算による予測利益も導入していこうというのである。

4．割引現在価値の非現実性

　会計機能の逆流現象が起きていると述べてきたが，ここでもう一度議論を元に戻せば，会計の計算構造を支える複式簿記の中心的な役割は，経済事象すな

　10　エドワーズ等では，減価償却についての記述はあるが，減耗償却という用語は用いていない（Edwards, Boyns and Anderson [1995] p.14, p.19, p.22）。

わち会計的取引を認識し，期間損益を計算し，その結果を組合員に伝達するプロセスである。具体的には，発生した取引の期間帰属を明確に識別して記録し，発生基準にもとづいて期間損益を計算する行為が中心である。すなわち，経済事象を会計という鏡に取引として映し出し，仕訳という会計語を通して記録し，そこで求めた利益を利害関係者に発信していくことである。

したがって，重要なことは，会計帳簿に記録された取引から，元の経済現象を想起することができるか否である。写し出された姿から元の姿を導き出すことができるからこそ，実物でない写像（会計的記録＝仕訳）の信頼性が確保できるのである。もし，この復元可能性が担保されていなければ，会計的記録への信頼が崩壊し，記録の意味そのものが消失することになる。

この写像は，市場という舞台に映し出されている。市場に表示されている取引時点の価格が実際の取引価格と一致しておれば，何時でも誰によっても検証することが可能である。そのとき，例え市場が不完全なものであったとしても，現実に両者の納得の上で取引がなされたものであれば，そこで取引された価格は，信頼に値するものと見なすことができる。また，先物やオプションやスワップといった取引は[11]，将来の予測計算にもとづく価格ではあるが，その予測価格で契約が成立し，実際に取引が完了しているのであれば，検証可能性が担保されているため，そこでの価格の客観性もまた担保されていることになる。貸借対照表に将来キャッシュ・フローの割引現在価値として再評価される単なる予測による期待価格とは分けて考える必要がある。信頼性をどこに置くかという問題である。

市場にさまざまなノイズが入り込み，現実の取引に復元することが困難な測定基準で計算された評価額を現実の損益計算の場に持ち込みことは，有用どころか意思決定に際して誤った情報を提供することになる。こうした状況は，た

11　先物取引の世界最初の事例は，17世紀末の大阪における米取引で，米切手（米手形）によって行われた「帳合米商い」に求められるといわれている（高槻［2018］34-38頁）。

とえ株主からの強い要請があったとしても，避けなければならない。将来の予測計算にもとづくキャッシュ・フローの割引計算などは，信頼性を根幹に据える会計が取るべき測定手法ではない。

　取引を元の経済事象に復元できないような財務諸表上の数値は，投資意思決定に有用な情報を提供することには決してならない。信頼できるからこそ有用な情報になる。複雑なノイズが入り込んだ情報は，単に利害関係者の判断を誤らせるだけであり，意思決定のための情報価値としては，むしろ有害とさえいえるかも知れない。意思決定に有用な情報は，当てにならない予測や期待が多く混入される未来価値ではなく，原始取引に追跡可能な測定価値，すなわち取得原価ないしは市場価値にもとづく情報こそが真に有用な情報なのである。繰り返しになるが，取得原価は，取得した時点での現在価値，すなわち市場価値と同質である。したがって，市場価値は，広い意味では取得原価に含まれるといってよい。だとすれば，取引を証憑によって復元できない価値とは，公正価値の中でも予測によって算出する純粋の未来価値である将来キャッシュ・フローの割引現在価値を指すことになる。

　資産の測定手段としての将来キャッシュ・フローの割引現在価値という考えは，その史料がイングランド北部ダービーから列車で45分程の所にあるマトロック・バースの古文書館に保管されているスティブリー製鉄石炭会社の現存史料によって，石炭の埋蔵量を推定する測定手段として用いられたという[12]。産業革命真っ只中の19世紀イギリスでは，鉄道会社や製鉄石炭会社あるいは木綿製造会社といった巨額の固定資産を要する大企業が相次で設立される。固定資産の比重が大きくなると，それらの固定資産の再調達のために厳密な原価計算が要求され，それまでの固定資産の単なる時価による評価替えに代わって減価償却や減耗償却という新たな費用配分法が考案される[13]。

12　野口[2016] 62-65頁。
13　渡邉[2017] 99-102頁。

こうした状況下で，割引現在価値という新たな評価方法によって資産価値を算定した最初の事例が19世紀イギリスの鉱山業の現存史料に見出せるという。しかし，この評価法は，自らの企業価値を知るためではなく，いわんや株主に企業価値情報を提供するためでもなく，単純に厳密な原価計算を遂行し，石炭の正当な販売価格を決定するために用いられた手法であったといえよう。そのために，埋蔵する石炭の総量を推定して，毎期採掘していくコストを販売価格で回収するために考え出された手法である。減価償却の派生形態である減耗償却の登場である。

　減耗償却を行うにあたっては，先ず石炭の総埋蔵量を推定し，そこから毎期採掘されていく資産の現在価値を計算して，販売価格を決定する必要があったからであろう。その意味では，スティーブリー石炭製鉄会社で行われた将来キャッシュ・フローの割引現在価値に類似した評価法の目的は，たとえその計算式が同じであったとしても，今日のFASBやIASBが主張する公正価値会計における未来計算とは大きく異なる。あくまでも，貸倒れの設定や減価償却と同様，取得原価主義会計の枠組みの中での費用配分法として，減価償却に代わる減耗償却の手法として考え出された方法である。この考え方が，後に登場する市場のない資産の評価に応用されていったのであろう。

　いうまでもないことであるが，会計は，意思決定に有用な情報の全てを提供できるわけではない。あくまでもそのうちの財務にかかわる情報のしかもその一部を提供できるに過ぎない。経営者は，意思決定に有用な可能な限りの情報を収集する。情報が全てを制するからである。しかし，会計情報は，意思決定に有用な情報の単なる一つの財務情報に過ぎない。会計情報だけで将来の意思決定を行うことはできず，また当然のことながら株価が決定されるわけでもない。台風情報によって農作物の市場価格に大きな値動きが生じ，中東の緊張が切迫してくると石油価格に大きな影響が出てくる。新たな新薬の開発によって製薬会社の株価は大きく上昇し，カリスマ経営者の離脱によって株価が大きく

変動するのを幾度となく見てきた。われわれは，会計以外の様々な情報が経営の意思決定に与える影響の大きさを今一度しっかりと自覚しておくことが大切である。この点は，第8章で詳しく述べるが，投資意思決定とっては，非会計情報の方がより価値関連性があるとの実証結果も出ている[14]。

時価の問題を論ずるときに注意しなければならないのは，現在価値というときの現在をどう捉えるかにある。すなわち，現在という時間を今という瞬間の「点」として捉えるか，今日というある程度の幅をもった「帯」として捉えるのかによって，同じ時価でもそれが意味するところに違いが生じる。とりわけ，有価証券の市場価格は，1日のうちでも大きく変動する。その日の初値と前場の終値だけでも大きく異なり，午後からもまた大きく変動していく。しかも，そこには一定の法則性などは何もなく，その時々の瞬間の要因によってランダムに変動するといってもよい。また，株主総会で提示された有価証券報告書の資産価額は，貸借対照表作成日の時価であって，必ずしも株主総会当日の時価でないのはいうまでもない。したがって，株主総会当日に提示された価額は，時価といいながらもすでに過去の価額になっており，本質的には取得原価と異なるところは，どこもない。

だとすれば，有価証券に表示された貸借対照表価額は，それが取得原価で表示されたとしても現在の市場価額で表示されたとしても，本質的には何ら変わるところはないことになる。単なる時間のズレから生じる差額に過ぎない。むしろ，情報価値としては，3ヶ月前の市場価額であるにもかかわらず，その価額がまるで現在の価値であるかのように提示する情報の方が利害関係者に判断を誤らせる結果になる。有用というよりもむしろ有害とさえいえるのではなかろうか。万一取得時点と現在時点の間に重要なズレが生じた時は，後発事象として有価証券報告書の貸借対照表上で情報提供すれば済むことである。とりわ

14　グー共著，伊藤監訳[2018]70-71頁。

け，有形固定資産の場合は，減価償却を行い，また減損処理によって貸借対照表価格として取得原価と時価とのズレを修正している。まさしく，混合測定会計なのである。

この時価と原価を併存させる評価方法は，複式簿記が誕生した13世紀初頭から行われてきた会計実務なのである[15]。また，17世紀から18世紀半ばにかけてのイギリスの会計実務では，すでに述べた通り，取得原価ではなく現在の市場価値すなわち時価こそが当該資産の真実の価値を示しているとして時価によって評価替えして，その差額を実現損益として集合損益勘定に振替えていた。こうした実務が行われたのは，産業革命以前では，企業が所有する固定資産の価額が総資産の中に占める割合はそれほど大きくはなく，また所得税法もなかった時代であったため，評価差額を直接損益に加算したとしても，損益計算にとってそれほど大きな影響がなかったからだと思われる。

5. 過去情報から未来情報への変容

伝統的な財務会計は，過去1年間に実現した配当可能な期間損益を計算し，単に株主だけではなく，利害関係者に広く開示するのが主たる役割であった。発生主義（実現主義）によって収益・費用を認識し，両者の差額から実現利益を求め，その利益こそが意思決定にとって有用な情報と位置づけてきた。それが伝統的な会計の枠組みであった。

しかしながら，企業成果の情報提供先が同じ株主であっても，これまでの長期に渡って株を所有し，安定した配当や投資先企業の成長に伴う正常な値上がり益を期待する投資家から短期の投機的利潤を期待する投機家へと変化してくると，両者への対応には自ずと違いが生じてくる。当然のことではあるが，経

---

15 渡邉［2016］60-61頁。

営者は，持ち株数からいえばごくわずかではあるが大多数の一般の株主の要求に応えるのではなく，一部のしかし多くの議決権を有する投機家の要求に応える情報を提供していくことになる。彼らの要求は，極論すれば企業の安定的な成長や社会への貢献度などには関心はなく，いかに安く株を買い，いかに高く売り抜けるかにある。言い換えると，安定した企業経営ではなく瞬間瞬間における企業価値の変動に関心があるに過ぎない。そうした投機家から投資を引き出すためには，過去1年間でいくらの利益を獲得したかという過去情報よりも，今現在の企業価値がいくらなのか，あるいはこれからいくらの利益を獲得する見込みがあるのかといった未来情報を提供することが重要になる。

その結果，そうした投機家への意思決定有用性アプローチのもとでは，提供する情報の内容は，過去1年間の当期純利益情報よりも将来を見据えた現時点での包括利益情報あるいは企業価値情報に移っていくのはごく自然の流れであろう。それが過去（大過去）ないしは現在（近過去）という帯の間での評価の差の範囲内であれば，従来の財務会計の領域内での修正計算で対応することができる。しかし，その修正の領域が現代という境界線を越えて未来という領域に踏み込んでいくとき，これまでの枠組みとは根本的に異なった次元の対応が必要になってくる。未来という予測計算である。

投機家や投資ファンドの要望に応えたアナリストといわれる人たちも，こぞって企業がこれから獲得するであろう利益を予測し，将来のキャッシュ・イン・フローによって企業価値を判断し，それを投資意思決定に結びつけていく。投機家やアナリストにとって有用な情報は，過去1年間で獲得した配当可能な実現利益ではなく，公正価値によって測定された未実現利益をも含めた包括利益や株価総額を基準にして求められる企業価値なのである。こうして予測される将来価値は，多くの投機家やアナリストによって同様の結果が予測されていくと，いつしかその予想価格が現実の市場価格にすり替わっていく。こうして，予想の無限の連鎖によって支えられた予想の数値があたかも現実の数値

であるかのように錯誤され，やがてそれがいつの間にか現実にすり替えられていく[16]。

1970年代から始まる急速な経済の国際化の流れを受けて，会計学の分野においてもグローバル・スタンダードへの対応が急務となり，1973年にイギリス，アメリカ，ドイツ，フランス，オランダ，カナダ，オーストラリア，メキシコ，日本の職業会計士団体の合意によって国際会計基準委員会（IASC）が設立される。このIASCによって国際会計基準（IAS）が作成されたのは，良く知られている通りである。2001年の国際会計基準審議会（IASB）への改組に伴い，新たに国際財務報告基準（IFRS）が制定され，わが国でも1999年以降グローバル・スタンダードへの対応として，連結会計，税効果会計，退職給付会計，金融商品の時価会計等の導入によって伝統的な会計に大きな変革，すなわち会計ビッグバンが余儀なくさせられていくことになる。

このような新しい会計観によると，会計が利害関係者に提供する情報の中身も，従来の発生主義によって求められる配当可能な当期純利益から公正価値によって測定された包括利益や企業価値へとシフトしていくのはある意味では必然の道筋なのかも知れない。もし，会計の目的が企業価値を提供することに変わっていけば，そこでの会計上の価値は，株価総額やフリー・キャッシュ・フローを基準にして求められる。その結果，誕生以来800年近くも会計の計算構造を支えてきた複式簿記は，利益計算にとってもはや不要の産物になってしまう。なぜなら，企業価値計算には，必ずしも継続的な記録が前提にされるわけではないからである。

企業価値計算は，本来の会計の枠組みを超えたファイナンスの研究領域である。もっとも，今日の複雑な現代社会においては，会計とファイナンスの境界を明確に線引きすることが反ってマイナスになることもある。しかし，分析の

16　予想の無限の連鎖については，岩井［2006］55-57頁を参照。

過程で隣接科学との境界線を混同してしまうと，それぞれの科学の本質を見誤ってしまう。そうした状況は，避けて通らなければならない。もちろん，悟性から理性への揚棄のプロセスを欠かすことはできないが，その前にしなければならないのは，先ず分析である。

伝統的会計のもとでの意思決定に有用な情報は，取得原価をベースに発生基準にもとづいて計算された当期純利益，すなわち配当可能な実現利益である。この実現利益は，継続的な記録によって，フローとストックの二つの側面から計算されてきた。しかし，巨額の資金を抱える投資ファンドを中心にした株主資本主義のもとでは，投資意思決定に有用な情報は，単なる過去情報ではなく，将来の予測を含んだ未来情報に転化していく。投資は，将来にかける投機なのである。そのためには，過去情報ではなく未来情報が重要になる。しかし，未来会計は，これまでの実績によって実現利益を求めてきた過去会計としての財務会計の枠組みからは，大きく逸脱することになる。

予測を前提にした会計には，常に現実との乖離が生じる。そのとき，自らの予測に正当性を付加させるため，実際を予測に近づけようとする意図が働く。粉飾ないしは逆粉飾という事実の改ざん行為である。将来キャッシュ・フロー計算の予測計算によって利益を求めていく現代会計の落とし穴といえるかも知れない。たとえ厳密な計算式によって求められた利益であっても，そのような予測利益の開示では会計の信頼性が確保されたということはできない。

すでに言い古されたことであるが，例えば市場性のある有価証券一つをとっても，市場で提示された価格がいつでも実現するわけではない。千株や2千株といった僅かな持ち株数であればともかく，何十万株といった巨額の株式をいっときに現金化しようとすれば，その市場価値は，必ずしも実現可能な価額とはいえなくなる。売り進めていく過程で株価は下落し，当初の価額で全てを売り尽くすことはできなくなるからである。そんな市場価格のどこに，信頼性を置くことができるというのであろうか。ひと度，バラ色に彩られた蜜の味を

たたえた禁断の実を口にしてしまうと、人は、その誘惑を断ち切ることが極めて困難になるのではなかろうか。

これまでの論述から明らかなように、会計の損益計算にとって最も重要な要素は、信頼性にある。13世紀の初めにイタリアで誕生した複式簿記は、その損益の計算過程で、とりわけフィレンツェを中心に、百数十年の年月をかけて、事実にもとづく正確な取引記録にもとづく損益計算によって信頼性を確保し、複式簿記を完成に導いてきた。フロー計算によってストック計算の正しさを証明することによって完成したのが会計の利益計算構造を支える複式簿記なのである。

実地棚卸による結果の側面からの有高計算だけでは、そこで求められた利益の信頼性に疑義が生じる。「もっと利益があるのではないか。」そこで、経理担当者は、ビランチオで求めた利益に一切の誤りや不正がなかったことを信頼できる何らかの別の手段で検証する必要に迫られた。それが複式簿記で求めた利益である。集合損益勘定の利益という証明する側とビランチオの利益という証明される側と一体どちらに信頼を置くことができるのか。いうまでもなく証明する側、すなわち複式簿記によって継続記録で求めた利益である。

その一つの証左として、われわれは、17世紀冒頭にライデンで出版されたシーマン・ステフィン(1548-1620)の『数学的回想録』(1605-8)を上げることができる。彼は、元帳諸勘定の締切に際し、資産・負債・資本の一覧表としての状態表(Staet)を作成して期末の正味資本を算出し、それを期首の正味資本と比較して1年間の利益を算出している。このストックの側面から「資本の状態表」(Staet of Capitael)で求めた利益の正しさを証明するために、フローの側面から「損益表」(Winst en Verlies)を作成して利益を求めて両者を突き合わせている。それを証明表(Staet Proef)と呼んでいる[17]。フローの側面からの損益計

17　Stevin [1605] pp.34-36. 岸 [1975] 138-140頁。橋本 [2008] 80-81頁。

算をストックの側面からの損益計算の証明手段と位置づけているのである。まさに，複式簿記は，証明のための技法として完成したことを物語っている傍証の一つといえる。その根源には，継続記録による複式簿記で求めた利益こそが信頼に値するという共通の認識があったからであろう。

6. お わ り に

　伝統的会計のもとでは，そこで提供される意思決定に有用な情報とは，取得原価をベースにした発生基準にもとづいて計算された当期純利益，すなわち配当可能な実現利益である。この利益こそが事実にもとづいた予断の介入しない信頼できる成果情報である。この実現利益は，継続的な記録，すなわち複式簿記によって，フローとストックの二つの側面から計算される。それがここに至り，取得原価と時価との乖離が大きくなり，加えて投資意思決定にとって有用な情報は，単なる過去情報ではなく，「これからどうなるのか」といった，予測を含んだ未来情報が重要であるという考え方が登場してくる。しかし，これから起こりうる状況を予測するいわば未来会計は，これまでの実績の積み重ねによって実現利益を算出してきた過去会計ないしは現在会計としての財務会計の枠組みからは，大きく逸脱して行くことになる。

　こうした状況が現実とかけ離れた結果によってさまざまな経営の意思決定や投資の意思決定を行っていくリスクを内在させている。予測と異なった結果によって膨大な損失が生じると，業績の改ざんや倒産を免れようとするための虚偽や粉飾といった現代会計の陥りやすい大きな落とし穴が待っている。バラ色のまだ見ぬ成果に踊らされた結果に行きつく先の倒産，あるいは予測と実際に差異が生じたとき，自らの予測に正当性を付加させるため，実際を予測に近づけようとする意図が働く。粉飾ないしは逆粉飾という事実の改ざん行為である。将来の当てものの世界である予測情報に，もっともらしい説明や数字に

よってまやかしの客観性や正確性や信頼性を付与するために作り上げられたのが，まさに，将来キャッシュ・フローとか割引現在価値といった得体の知れない数字であるといえば，言い過ぎであろうか。期待に膨らんだ予測の数字がいくら複雑な計算式と共にディスクローズされたからといって，真に会計の透明性が確保されたということにはならないのである。

第6章　情報提供かそれとも会計責任か

1. は　じ　め　に

　かつて岩田巖は，会計の役割に管理計算機能と価値計算機能の二つがあると論じた[1]。すなわち，財産保全機能（管理中心主義）と損益計算機能（決算中心主義）である。この考えは，多くのわが国の会計学者の中で，広く支持されてきた。しかし，1960年代以降になると，利害調整機能と情報提供機能の二つが挙げられ，とりわけ，1980年代後半から登場する意思決定有用性(デシジョン・ユースフルネス)アプローチの下では，事実性と検証可能性(ベリファイアビリティ)に支えられた信頼性(リライアビリティ)は二の次になり，株主特に投機家に対する投資意思決定への有用性(ユースフルネス)が最重視されてくる。株主資本主義と呼ばれる状況を生みだしてくる。利害関係者の目的に適合する情報を提供する目的適合性(レレバンス)がすべてに優先するといった風潮が支配的になってきた。

　しかし，こうした状況も，2001年12月のエンロンによる不正会計処理による経営破綻や翌年7月のワールドコムの大型倒産に続く2007年末からのサブプライム・ローンの不良債権化に端を発し，2008年9月のリーマン・ショックに伴う未曽有の金融危機に直面したとき，これまで信頼性を置き去りにしてきた

1　岩田 [1955] 8-9頁。

行き過ぎた有用性アプローチへの見直しが余儀なくされてきたのである。とりわけ，国際会計基準（IAS）を中心に，情報提供機能と並んで経営者による資本提供者への受託責任（説明責任）の重要性が再認識されてくる。

　会計の役割は，単に株主の意思決定に有用な情報を提供することだけではなく，経営者が株主に対して受託責任を果たすことにあるとする考えである。この株主への説明責任の役割を忘れては，会計は，存立しないというのである。しかし，忘れてはならないのは，会計の責任は，単に株主とりわけ大株主としての投機家の要求を満足させるために，ある意味では彼らの要求に合わせて都合よく加工した情報を提供することにあるのではないということである。株主資本主義の陥りやすい落とし穴である。情報提供の意義は，企業が置かれている今現在のあるがままの状態を企業の内外に提示していくことにある。株主が望む情報を提供するだけではなく，事実にもとづくあるがままの姿を提示することが会計の役割であり責務なのである。こうして，あるがままの状況を提示してきたからこそ，会計は，社会から信頼を勝ち取り，800年もの年月をその本質的な所で何も変わることなく継承されてきた。

　近年，この壊れかけた会計の信頼性を取り戻すために登場してきたのが受託責任という概念である。果たしてこの受託責任なる概念が失われた信頼を取り戻す切り札になれるのであろうか。本章では，この受託責任という考え方の原点がどこにあり，その本質をどのように理解すればよいかについて解きほぐすことにする。株主，とりわけ近年では単に株価変動による短期的な投機的利潤の獲得を目的とするごく一部の投機家や投資ファンドといった大株主に受託責任を果たすことが真に会計情報の信頼性を取り戻すことになりうるのかについて，すでに拙著［2016］『会計学の誕生－複式簿記が変えた世界』の終章で取り上げところであるが，本書のタイトルである「会計学者の責任」と大きくリンクしてくるため，再度ここで検討していくことにする。

2. 信頼性と受託責任

　辻山栄子は,『財務会計の理論と制度』で「会計は危ない」と現代会計の危機を衝撃的な言葉で書き始めた[2]。果たして，現代会計は，今日の危機的状況からの再生が可能なのであろうか。今まさに問い直されるときである[3]。さまざまな会計不正が横行する状況で，会計の再生にとって最も重要になるのは，会計学における信頼の回復である。その切札が受託責任である。

　近年の国際財務報告基準（IFRS）やアメリカ会計学会（AAA）の財務会計基準委員会（FASC）等によって主張されている受託責任（スチュワードシップ）という用語の原点は，リトルトンが複式簿記の生成過程の分析にあたり，複式簿記生成の前段階で用いた概念である[4]。この受託責任は，時として資本主関係（プロポライアターシップ）と混同して用いられることがあるが，この点は，注意しなければならないところである。

　受託責任は，すぐ後で述べるが，12世紀初めのイギリスにおける荘園会計で用いられたチャージ（責任の受託）とディスチャージ（責任の履行）の関係，すなわち受託者としての財産管理人と委託者としての荘園領主の間に生じる財産の管理・運用に対する説明責任に由来した考え方である。もちろん，12世紀には複式簿記は，まだ歴史の舞台に登場していない。したがって，この報告書は，複式簿記によって作成されたものではなく，単に財産管理人が領主に対して受託している財産の管理運用状況について説明責任を果たすために作成したもの

2　辻山編著[2018] 3頁。
3　伊藤，鈴木[2018]「対談：果たして『会計の再生』は可能か」。なお，この対談の基礎になったレブ（Baruch Lev）とグー（Feng Gu）の共著（*The End of Accounting and The Path Forward for Investors and Managers*, 2016）にもとづく原著のタイトルは，「会計の終焉」となっているが，続く「投資家や経営者のためのこれからの道」というタイトルに因んで，訳書では『会計の再生』と訳出されている。
4　最近の受託責任に関する研究として，安藤編著[2018]をあげることができる。

に過ぎない。元来，この受託責任概念は，今日のように，資本の受託者(経営者)が委託者(株主)に対して，複式簿記にもとづく損益計算の結果について会計責任を果たすために行う報告行為を指していたわけではない。あくまでも，複式簿記の発生以前における財産の管理運用に関して用いられた概念である。この点は，特に注意が必要である。

　重要なことは，昨今の国際会計基準等に登場するスチュワードシップという用語が単に財産の管理「保全」に関する説明責任だけではなく，その管理「運用」にまで及ぶ説明責任を包含した概念であるという点である。過去と現在に対する説明責任だけではなく，未来に対する説明責任をも担っている概念なのである。ここにこそ，近年，公正価値会計を前提とするIASBやFASBが会計の役割として信頼性に代えて受託責任をあげ，同時に会計基準の基本的特性として忠実な表現を掲げる根拠があるといえるのではなかろうか。なぜなら，信頼性は，事実にもとづいた過去と現在の事象に対する説明責任を果たすだけに過ぎず，未来の会計事象も含む公正価値会計にとっては不適合になり，受託責任が未来計算に対する責任を持つという意味で単なる過去の責任を持つ信頼性よりもより目的に適合していたといえるからではなかろうか。

　現存する最古の勘定記録は，1211年のボローニアの定期市でフィレンツェの銀行家がその貸付先との取引を記録した勘定記録であるのは，すでに繰り返し述べてきた通りである。貸付をした銀行，すなわち取引の主体が貸主であり，お金を借りた客体が借主になる。リトルトンは，この取引における貸主と借主の関係を，元帳勘定上ではその主客を逆にして，取引相手を主語にして借方 (de dare= must give= debitor) と貸方 (de avere= must have=creditor) として捉え，これを資本の委託者(所有主)と受託者(代理人)の受託責任関係に置き換えた。この代理人と所有主の関係がやがて資本を媒体にして複式簿記に進化していくと考えたのである[5]。余談ながら，AがBにお金を貸せば，Aの帳簿にはBが借主になるのでB勘定(貸付金勘定)の借方に記帳する。また，Bの勘定では

Aが貸主になるのでA勘定(借入金勘定)の貸方に記帳する。こうして,複式簿記は,その生成当初から19世紀に至るまで,擬人法によって複記されてきた。

また,リトルトンは,中世イギリスに端を発したチャージ,ディスチャージの考えを経営受託制度(managerial stewardship)として捉え,それが複式簿記(proprietary bookkeeping)に先立つ代理人簿記(agency bookkeeping)の段階で発生していたと説明している[6]。この代理人簿記に資本という考え方が導入された時に,単なる債権債務の備忘録が資本の増減計算,すなわち企業の総括損益を計算する技法としての複式簿記に進化していくことになる。スチュワードシップの考えの基盤になっている財産管理人(執事)の責任の受託と責任の履行という二面的な管理業務が複式簿記の前身であり,この業務に資本の増減計算(損益計算)が加わって複式簿記が誕生するのである。

イギリスにおける最古の財務に関する記録は,1130年頃に今日の財務省にあたるエクスチェッカー(王室会計局)が領主に支払うべき地代や租税等を記載した一種の帳簿であるといわれている[7]。このイギリスにおける荘園会計で用いられた「チャージ・ディスチャージ報告書」が複式簿記の萌芽的形態であると見なされることもある。しかし,イギリスの荘園会計は,決して損益計算を目的とした記録ではなく,したがって決して複式簿記の萌芽とも起源ともいえない。単なる財産の管理運用記録に過ぎないのである。

チャージ・ディスチャージ報告書は,あくまでも荘園領主(主人)に対してそ

---

5 Littleton[1966] p.13. 片野訳[1978] 45頁。本来,代理人簿記とは,資本の受託者(経営者)が資本の委託者(株主)に代わって,代理人として取引の記録を行う簿記システムをいう。ただここでリトルトンがいう代理人簿記は,複式簿記の古代起源説を唱える論者によってしばしば用いられるローマ時代の奴隷が主人に代わって取引を記録する簿記システムを指している。もちろん,リトルトンは,複式簿記の誕生を13世紀イタリアとしているので,古代ローマの記録は,複式簿記誕生以前の単なる財産の管理・保全記録に過ぎないと位置づけている。

6 Littleton[1967] pp.79-82. 大塚訳[1966] 115-120頁。

7 Chatfield[1974] p.21. 津田,加藤共訳[1978] 25頁。

の財産管理人（代理人）が自らの説明責任を果たすために，責任の受託(チャージ)と責任の履行(ディスチャージ)を説明した報告書に過ぎない。責任の受託と責任の履行という二面計算だからといって，決して，複式簿記にもとづく会計記録とはいえない。複式簿記は，貸借による単なる二重分類計算というだけではなく，フローとストックの二面からの損益計算なのである。この報告書は，チャットフィールドも述べているように，中世のスコットランドで政府の会計官が不動産取引において用いていた手法をイングランドの荘園の財産管理人(スチュワード)が採用したものであるといわれている。受託責任という用語は，英語のスチュワードシップの邦訳であるが，そのもともとの意味は，財産管理人(スチュワード)を指す言葉である。それがいつの間にか，財産管理人の責務である主人への説明責任の意味に用いられるに至っている。なぜなら，財産管理人の仕事は，単に現有の財産を管理保全するだけではなく，荘園領主に代わってその財産を運用して増大させていくことも重要な仕事に含まれるからである。

　国際会計基準で取り上げる受託責任という概念は，単に現在の財産の管理責任を問うだけではなく，将来の管理運用に関する責任までをも含む概念である。そのため，受託責任は，将来キャッシュ・フローを取り込んだ今日の国際基準による資産の測定方法にとっては極めて好都合な用語になった。

　先に述べた1130年頃のエクスチェッカー（王室会計局）が領主に支払うべき地代や租税等を記載した報告書を，責任の受託とその履行といった二つの側面から記載された報告書であるという単純な理由から，複式簿記の原初形態と見なす解釈も一部に見られるが，それは誤りといわざるを得ない。多くの財産管理人がチャージ・ディスチャージ報告書を用いるようになったのは，それから300年も後のことといわれている[8]。丁度わが国で，単なる現金の収支記録をもって，それが収入と支出という二面からの記録がなされているという理由か

8　Chatfield [1974] p.25. 津田，加藤共訳 [1978] 31頁。

ら複式簿記の初期形態であるとする考えと似通っている。

　繰り返しになるが，責任の受託とその履行という単に二面からの計算というだけでは，その記録が複式簿記であるということはできない。そこに資本の増減計算すなわち損益計算が加わったときに初めて複式簿記になる。これがリトルトンの考えである。一部には，今日の複式簿記の原理が中世イギリスに端を発するチャージ，ディスチャージの関係に由来しているとみなす解釈も見られるが[9]，チャットフィールドが「我々は中世[イギリス]の簿記に事実以上のものを求めすぎているのかも知れない。会計の継続性，比較可能性の如き現代の条理は，[当時のチャージ，ディスチャージ報告書のなかには]ほとんど存在していなかった[10]」と締めくくっているのは，まさに正論である。

3. 受託責任と所有主関係

　本来，財産管理人としての業務を意味するスチュワードシップの概念は，複式簿記の生成の前過程において登場してきたが，それが資本と連結することによって，複式簿記の誕生へと繋がっていく過程を見てきた。しかし，注意を要するのは，スチュワードシップ（財産管理人）という用語は，時として複式簿記の生成要因としてのプロパライアターシップ（資本主関係）と混同して用いられることがある点である。

　リトルトンは，複式簿記の生成要因として，1．資料（簿記で整理せらるべきもの），a.私有財産（所有関係を変更する力），b.資本（生産に用いられる富），c.商業（財貨の交換），d.信用（将来財貨の現在使用），2．表現手段（資料を表現する手段），a.書法（永久記録の手段），b.貨幣（交換の手段，計算の共通尺度），c.算術（計算の手段），を挙げ，これらの諸要素が経済的社会的環境によって綜合的な力を

　9　この点については，渡邉[2016]169-171頁を参照。
　10　Chatfield[1974] p.28. 津田，加藤共訳[1978] 34頁。

与えられたときに、そこから産みだされてくるものが、3. 方法（資料を体系的に表現する方法），すなわち簿記（複式簿記）であるとしたのは，良く知られている通りである[11]。

しかし，彼は，「これらは簿記を生成する基本的要素であるが，それが単に歴史的に出そろったというだけでは簿記を産みだし得るものではない。これらの諸要素はいずれも古代においてある種の形で現れていたが，早期の文明は今日われわれの理解する意味での複式簿記を産みだし得なかった[12]」と述べ，複式簿記の最大の特質は，単に記帳の二重性や貸借の均衡性に止まるものではなく，「さらに別の要素が加わらなければならない。この追加さるべき要素とは，いうまでもなく，資本主関係 Proprietorship―すなわち，所属財貨に対する直接的所有権と発生した収益に対する直接的要求権－である。この要素を欠くときは，勘定記入（帳簿記入）は，たんに相互に対応する記入の内容を要約してこれを適切な形式にまとめるということにすぎなくなる[13]」とし，資本主関係にもとづく損益計算こそが複式簿記の本質であると明確に規定している。まさしく，複式簿記は，企業の総括損益を計算する技法として誕生したのである。

問題は，片野訳では，リトルトンのプロパライアターシップが資本主関係と訳出されているため，それを資本主（株主）とその代理人である経営執行者（経営者）との関係と解釈し，経営者が株主に果たさなければならない役割を受託責任として捉え，先のリトルトンの説明を受けて，複式簿記の誕生以前から受託責任機能が会計的思考の中に組み込まれていたとする解釈が生じてきたことである。繰り返しになるが，資本主関係（プロパライアターシップ）は，本来，複式簿記の生成要因として用いられた概念である。それにも関わらず，時として，会計の役割としての

11　Littleton [1966] p.13. 片野訳 [1978] 23-24頁。
12　Littleton [1966] p.13. 片野訳 [1978] 24頁。
13　Littleton [1966] pp.26-27. 片野訳 [1978] 45頁。

受託責任(スチュワードシップ)と同義的に解釈されることがある。リトルトンのいう資本主関係は，所属財貨に対する直接的所有権と発生した収益に対する直接的要求権，ごく単純に言えば資本と利益の所属を指す概念であるにもかかわらず，資本の所有主(現在では株主)に対する資本の管理運用者(現在では経営者)の受託責任として捉えたために，こうした混乱が生じたものと思われる。その結果，複式簿記の生成要因に受託責任があり，複式簿記はその誕生以来，財産の管理運用，すなわち未来計算にまで責任を有していたとする解釈が生じてきたものと思われる。

しかしながら，プロパライアターシップは，財産の所有権とその運用によって得る利益の取分の計算，すなわち資本計算(損益計算)を意味しているもので，受託責任とは分けて考えなければならない。資本主関係という用語から連想されるのは，出資主(資本拠出者＝株主＝委託者)と経営者(資本運用者＝代理人＝受託者)の関係である。そのため，経営者から株主への情報提供機能を指す概念として捉えられがちであるが，決してそうではないのである。

機能資本家が無機能資本家に対して，あるいは組合における代表執行者が他の組合員に，また今日では経営者が株主に対して受託責任を果たすことは，複式簿記生成の原点に立ち返るとき，極めて重要な要因であることに変わりはない。なぜなら，複式簿記は，実地棚卸によるビランチオで求めた利益を日々の継続的な取引記録によって検証することによって完成した損益計算システムであるからである。しかし，会計にとって経営を受託した責任を果たすことが重要であることとそれが複式簿記の生成要因であるというのは，別の次元の話である[14]。決して両者を混同してはならない。

リトルトンもドゥ・ルーヴァも複式簿記の生成要因に受託責任をあげてはい

---

14 ここで用いる受託責任という用語は，その言葉通り，経営の受託者が委託者に対して説明責任を有するという意味で用いており，今日の国際基準等で用いられる受託責任とは分けて使っている。

ない。ただし，生成要因ではないが複式簿記の第一義的な役割は，損益計算にある。歴史的には，組合員相互間で分配する損益に誤りがないかどうかを検証するために成立したのが複式簿記である。この点を考慮すれば，複式簿記ないしは会計学の計算構造の原点に受託責任の履行をあげることは，あながち誤った解釈とはいえない。

しかし，理論的には生成要因と役割は，分けて考える必要がある。トラブルが発生したときの文書証拠として13世紀初めに誕生した複式簿記は，ほぼ百数十年の時を経て，企業の総括損益の計算技法として完成する[15]。すなわち，実地棚卸によって求めたビランチオの利益を継続記録にもとづく集合損益勘定で証明することによって成立したのが複式簿記である。したがって，会計の役割には損益計算機能と情報提供機能の二つがあるが，会計を誕生させた本来的な役割は，継続記録にもとづく損益計算にある。この役割が損益計算にあるということと，その損益計算を発生させた要因が〔期間〕組合にあるということは，分けて考えなければならない。理論的には，会計ならびにその利益計算構造を支える複式簿記の生成要因と役割は，別の問題である。

ここで重要になってくるのが，会計の役割が損益計算にあるとして，そこで計算される利益がどのような物差しで測られた利益なのかである。測定基準の違いによって実質的な利益の中身が大きく異なってくるからである。どのような利益を会計上の利益として利害関係者に情報提供するかによって，同じく情報提供機能といったとしても，その役割に大きな違いが生じてくる。企業利益は，提供する情報の中身の違いによって，次の三つに役割に分類することができる。1．信頼性機能を重視し，株主に対して事実にもとづく客観的な説明責任の果たせる信頼できる情報を提供する，2．受託責任機能を重視し，財産の保全管理だけではなくその管理運用にまで及ぶ受託責任の果たせる情報を提供

---

15 渡邉［2014］20-28頁。
16 渡邉［2017］177頁［図表終-3］。

する，3．情報提供機能を重視し，投資意思決定に有用であることを優先した情報を提供する[16]。

4．受託責任と会計責任

　リトルトンは，スチュワードシップを複式簿記生成以前の経営受託制度として捉えたが，1973年に設立された国際会計基準委員会（IASC）や2001年に改組された国際会計基準審議会（IASB）は，それを受託責任として会計の役割に位置づけた。例えどのような不確実な将来のキャッシュ・イン・フローの予測計算であったとしても，それに対してそれなりの信頼性を担保する必要が出てきたからである。この不確実な予測計算に信頼性を与えるイメージを作るために用いられたのが受託責任(スチュワードシップ)である。スチュワードシップ（受託責任）は，単に財産の管理保全という現在・過去会計に止まらず，管理運用と言う未来会計をも視野に入れた概念である。そのため，将来キャッシュ・フローを重視する公正価値を擁護する立場に立つ論者にとっては，より好都合な概念になった。

　同じく信頼性を重視する立場に立ち帰りながらも，未来会計としてのキャッシュ・フロー計算における信頼性は，これまでの過去会計としての取得原価主義会計のもとでの信頼性とは一線を画す必要がある。信頼が持てる範囲には，時間的にも空間的にも，当然のことながら限界がある。空間的な限界は，近年のAIの著しい進化によってかなり狭められてきたといえるかも知れない。しかし，時間的な限界，未来の予測に関しては，今も昔も変わらない。誰も保証できないのである。会計とりわけ財務会計の役割は，現実の在りのままの姿を照らしだし，それを利害関係者に開示することにある。決して予測によるバラ色の世界を映し出すことではない。それが内部報告としての私的な色彩を帯びている管理会計や経営計画と外部報告としての公的な役割を果たす財務会計との違いである。

将来キャッシュ・フローをも視野に入れた受託責任(スチュワードシップ)という概念は，公正価値会計における信頼性を主張するためには極めて好都合な概念である。なぜなら，単に株主から受託した資金の管理保全責任を果たすだけに止まらず，財産管理人(スチュワード)と同様，経営者が受託した資本を将来にわたって有効に管理運用し，その結果を株主に説明する責任を果たす役割として捉えることができるからである。しかし，取得原価を擁護する論者にとっての説明責任は，未来に渡る運用責任までをも含むものではなく，受託した資本の過去から現在に渡る管理保全に対する説明責任として捉えている。なぜなら，これから起きる未来の予測が必ず現実になる保証など誰一人として責任を持てるはずがないからである。ここでいう信頼性は，事実にもとづく確固たる証拠によって検証可能性が担保された状況を指している。同じく会計責任といわれるものでも受託責任(スチュワードシップ)と信頼性とでは，時間と空間との両面において，大きな違いがある。

　こうして見てくると，資本の受託者(経営者)が委託者(株主)に対して説明責任を有しているのは自明であるとしても，そこでの説明責任が実質的には，現在までの財産の管理保全責任(信頼性)にとどまるのか，それとも未来における管理運用にまで及ぶ責任(受託責任)までも含むのかによって，会計上の説明責任を次のように，2分することができる[17]。

図表6-1　会計上の説明責任

会計上の説明責任 ┌ 会計責任(アカウンタビリティ)：受託資本の管理保全に対する説明責任：取得原価[18]
　　　　　　　　└ 受託責任(スチュワードシップ)：受託資本の管理運用に対する説明責任：公正価値

17　渡邉[2016]148頁。渡邉[2017]175頁。英語の表現では，説明責任も会計責任も両者ともaccountabilityであるため，会計上の説明責任以外の一般的な説明責任に対しても広くaccountabilityが用いられている。

18　ここでいう取得原価は，単なる過去価値ではなく現在の市場価値も含んだ取引価格(現在価値)を指す(渡邉[2010]2-3頁。渡邉[2016]64-65頁)。

ここに示した会計責任(アカウンタビリティ)は，提供されている会計情報が過去並びに現在の取引事実に反していないという，客観的で検証可能な信頼性を基軸に据えた説明責任である。すなわち，市場における取引事実を重視した情報に対する説明責任であるといえよう。それに対して，受託責任(スチュワードシップ)は，情報の利用者が要求する有用性を基軸に据えた未来情報にまで及ぶ説明責任である。すなわち，将来キャッシュ・フローを重視したこれから起きるであろう事象を緻密な計算式によって算出した将来予測情報によって現時点での計算結果の信頼性を担保する説明責任なのである。いわば計算式に誤りがないというだけのことで，決してそこで示された数字が現実になるということの保証にはなり得ず，したがって事実上は何の保証にもなっていないのである。

　目的適合性を基軸にした有用性は，単に過去と現在に対してだけではなく，これから起きるであろう将来に対する問題である。そのため，客観的で検証可能な事実を基盤とする信頼性と不確実な未来に対する保証としての受託責任の間には，当然のことながら離齬が生じてくる。その結果，同じく信頼性を目標にしているとはいえ，これまでの事実に対する説明責任と将来の資産運用にまで及ぶ説明責任とでは，その意味合いが大きく異なってくる。しかし，どのように変化していくか分からない未来に対して責任を持つといわれても，一体どこまで信頼を置けば良いのであろうか。

　一般に，アカウンタビリティは，説明責任と邦訳される。この時の説明責任とは，必ずしも会計上の説明責任を指すだけではなく，あらゆる言動に対する説明責任も指している。何故このような行動を取ったか，何故このような決断をしたのか，そしてその結果についても責任のある説明を果たすことを指している。同じくアカウンタビリティと呼ぶにしても，一般的に用いられる説明責任とその中でも特に財務的側面に限定した会計上の説明責任は，分けて考えなければならない。われわれが説明責任という言葉を用いるとき，とりわけ財務上の説明責任を果たすときにそれを会計責任と呼び，一般的に用いられる説明

責任とは区別して用いなければならない。そして，この会計上の説明責任が，これまで述べてきたように，事実にもとづく説明責任（会計責任）と将来予測にもとづく説明責任（受託責任）に2分される。

会計を誕生させたそもそもの原点が事実性（客観性）と透明性（検証可能性）に支えられた信頼性にあることを考えると[19]，会計上の説明責任を果たすためには，実際の取引事実にもとづく客観的な情報の提供，責任の持てる誰からも信頼される情報に限定するのが外部への情報提供というある側面では公的な色彩を帯びる財務会計の本来の責任の取り方である。事実に裏打ちされた情報であるからこそ皆が信頼を寄せ，一般の株主にとっては，投資意思決定に真に有用な情報になるはずである。

しかし，今日の国際財務報告基準（IFRS）やアメリカの財務会計基準審議会（FASB）が提唱する受託責任は，単に過去・現在の取引事実にもとづく説明責任だけに止まらず，未来の管理運用にまで及ぶ説明責任を含んでいる。一体誰がどこまで将来の予測に対して責任を持てるというのであろうか。将来の予測数値が必ず現実になると保証できる人は，どこにもいない。そこでの保証は，未来の予測利益を算出した計算式に計算上の誤りがないという保証に過ぎず，そこで計算された数値が現実になるか否かを保証するものではない。いわば単なる予測計算式の妥当性の検証に過ぎないのである。如何に緻密に組み立てられた数式であったとしても，また如何に多くのデータによって実証されたとする検証結果にもとづく予測であったとして，予測は，所詮予測である。実証されたはずの予測計算がもし事実と反した結果になった時，一体誰が責任を取るというのであろうか。どこに信頼をおけば良いのであろうか。

このように考えていくと，会計が持てる責任には，自ずと限界があることが明らかになる。すべての経済行為に対して責任が持てる，責任を持つという考

19　渡邉[2014] 36-42頁。

えは，会計上の説明責任を拡大解釈した結果であり，ある意味で傲慢ともいえる解釈である。会計には，会計にしか果たせない役割と責任がある。レブとグーは，近年，財務情報が投資家の意思決定に与える有用性や価値関連性が急速にかつ持続的に低下しているという実証結果を報告している。すなわち，財務情報は，企業価値を増大させ企業間の競争に絶えず優位な位置を与える要素を提供しているわけではないという。投資家にとって有用な情報は，例えばインターネット関連企業における新規顧客数や解約率，保険会社における事故の発生率，あるいは薬品業界の臨床結果といった会計とは関係のない非会計情報がより大きなウェートを占める。こうした実証結果は，会計情報と投資意思決定の価値関連性が失われてきている証左であるといえよう[20]。

5. 受託責任で信頼性は担保できるか

一般にいわれている受託責任とは，経営の受託者が株主から委託された資産や資金の管理運用に対して説明責任を負うことを意味している。すなわち，委託された資金の管理と運用の結果に対して，受託者（経営者）が委託者（株主）に説明責任を果たすことであるが，問題は，その責任が現在と過去の管理と運用に対する説明責任なのか，それとも将来の期間に渡る管理と運用にまで及ぶ責任であるのかにかかっている。もし前者であれば，これまでの会計責任と異なるところはない。結果に対する会計責任である。しかし，将来の予測事象に対する管理と運用に対する説明責任までも含むということであれば，従来の事実にもとづく会計責任では不充分になり，受託責任という新しい概念が必要になる（「図表6-1」を参照）。

本来，会計おける説明責任は，会計責任を指していたが，未来計算に対して

---

20 レグ，グー著，伊藤監訳［2018］4頁，62頁

は会計責任ではその役割を果たすことができなくなる。そのため，国際会計基準は，受託責任という新たな概念を導入して対応に当たった。責任を持つ時間軸の範囲によって，同じく財務情報に対する説明責任ではあるが，会計責任と受託責任とは，分けて考える必要がある。ただし，株主に対する説明責任という点では，会計責任も受託責任もその果たす役割に違いはなく，異なった範疇に分類されるものではない。

　本来，受託者（経営者）が委託者（株主）に対して提供する情報は，最終結果に対して説明責任を伴う情報であり，事実にもとづく客観的な説明責任を伴う信頼性が基本になっていなければならない。たとえ不確実な情報でも要求される情報であれば提供していくという意思決定有用性アプローチのもとでの情報提供と客観的に担保された事実のみを提供していく伝統的会計の枠組における情報提供とでは，同じ情報提供機能と一括りにしても，両者の間の情報の質ないし中身において大きな違い生じる。情報の信頼性を基軸にすれば，客観的で誰によっても検証可能で正確な事実情報の提供が重要であり，投資家の意思決定有用性を重視すれば，いくらかは不確実であってもこれからどうなるのかという予測を含んだ未来情報の方が有用になる。

　受託責任にはたとえそこに未来に対する不確実な情報に対してまで説明責任を持つという側面が存在したとしても，経営者が株主や情報の利用者に対して提供する情報に何らかの説明責任を果たすことを避けて通ることはできない。如何に意思決定有用性アプローチのもとでも，期待利益による高配当情報による詐欺まがいの行為に歯止めをかけるという意味でも，提供する財務情報に対して説明責任を果たすことは，極めて重要になる。そこで事実だけではなく未来の予測計算に対しても信頼を与えるために登場するのが受託責任（スチュワードシップ）である。取得原価にもとづく当期純利益に対する信頼性ではなく公正価値にもとづいて算出された包括利益に対する信頼性を担保しようというのである。信頼性を根底におく伝統的な取得原価主義会計に対して求められる利益と将来キャッ

シュ・フローを根底にした公正価値会計に対して求められる利益とでは，同じく信頼といったとしても，そこでの信頼の持てる中身や範囲に大きな違いが生じてくる。最今の国際会計基準等で信頼性に代えて受託責任が主張されるのは，当期純利益計算のもとでの信頼（会計責任〈アカウンタビリティ〉）と包括利益計算のもとでの信頼（受託責任〈スチュワードシップ〉）とを分けて考えようというのである。

　信頼性会計と受託責任会計の分岐点は，両者が取引事実にもとづく過去・現在情報に対して責任を持つのか，予測による期待値を含んだ不確実な未来情報に対してまで責任を持つのかにある。しかし，将来の管理運用まで含んだ情報提供に対して信頼を担保するというのは，同じく会計的数値に対して信頼を得ようとする行為ではあるが，自ずと限界がある。取得原価主義会計のもとにおける客観的な事実によって担保されてきた信頼とこれからどうなるか分からない未来に対する信頼とでは，如何に厳密で膨大な資料によって実証されたといわれても，そこにはどうしても埋めることのできない落差が横たわる。

　会計は，その取り扱う主たる対象が過去か未来かによって財務会計と管理会計に分類してきた。20世紀後半からその過去会計としての財務会計に未来の予測が入り始める。その象徴的な現象が資産の本質規定に現れてくる。これまで会計は，資産を「企業が有する有形無形の財貨権利」と概念規定していた。しかし，1960年代を迎えるとバッターによって，資産は，所有権を前提にした現在価値としてではなく将来の価値を見越した「用益潜在力〈サービス・ポテンシャルズ〉[21]」と見なされるようになる。現在所有している資産が将来にどれだけの便益をもたらすかによって資産価値を測定しようというのである。こうした考えはそれ以降も継承され，今日では資産価値を「発生の可能性の高い将来の経済的便益〈エコノミック・ベネフィッツ〉[22]」と概念づけ，資産が生み出す将来キャッシュ・イン・フローをもって貸借対照表価額とするに至った。

21　Vatter [1947] p.17. 飯岡，中原共訳 [1971] 31頁。
22　FASB [1984] par.26, p.10. 平松，広瀬共訳 [1994] 297頁。

すなわち，資産が将来にわたって生み出す無形の価値を貸借対照表価額として計上しようというのである。その結果，財務会計の枠組みの中に未来の予測計算が組み込まれ，提供する情報の信頼性にも，伝統的な会計と比較すると，両者の間に大きな軋みが生じ始める。事実にもとづく正確で信頼できる損益計算に，予測による不確実な損益計算が導入され始めたからである。予測による価値計算は，本来ファイナンスの世界であって，確固たる信頼性によって800年という悠久の時を紡ぎ，事実にもとづいて損益を計上してきた会計には，どうしても受け入れることができない側面も存在する。

　また，2006年のAAAにおける財務会計基準委員会（FASC）の討議資料では，会計が最も重視しなければならない「信頼性」を「忠実な表現」に置き換え，さらに「受託責任」へと変容させていく[23]。日本語では同じ責任という言葉が入っているため，一見情報の信頼性が再認識されたような感覚を与えてくれる[24]。しかし，すでに見てきたように，信頼性と受託責任の間には，事実にもとづいて算出された結果に対する説明責任と期待にもとづいて計算された予測に対する説明責任という時間の落差から生じる決定的な違いが存在しているのである。

6. お わ り に

　日々の帳簿への継続記録は，現実に市場で取引される実際の価格にもとづいて行われる。したがって，取得原価での記録は，現実の取引にもとづく正確な記録であるという点において事実性ないしは客観性が担保され，実際の取引として帳簿に記録することにより検証可能性（ベリファイアビリティ）ないしは透明性が担保されている。この事実と検証可能性に支えられた記録であるがゆえに，会計ならびにその利

23　AAA [2007] p.231.
24　岩崎 [2015] 71-73頁.

益計算構造を支える複式簿記は，取得原価主義会計によって損益計算の信頼性が担保され，結果的に800年という長きにわたって継承されてきた。

　今，その会計が壊れようとしている。経営者は，情報の有用性という錦の御旗のもとで，事実にもとづく情報だけではなく，期待というバラ色に脚色された情報を株主に提供する状況が一般的になってきている。本来，会計の役割は，取引事実にもとづく信頼される利益情報を提供することであり，決してどちらに転ぶかわからない未来の期待値を提供することではなかったはずである。昨今の行き過ぎた有用性アプローチのもとでは，反って有用性が壊される。こうした予測による不確実な会計情報を提供する会計のあり方に，遅まきながら，一部の会計学者の間で見直しの動向が少しずつではあるが見られるようになってきた。

　こうした批判に応えるための一つの方策として導入されたのが受託責任^(スチュワードシップ)である。しかし，これでは，所詮将来キャッシュ・フロー計算を前提にする公正価値会計のもとの説明責任に過ぎないため，未来計算に対する不確実性は，どうしても払拭することができない。真に信頼される情報とは，一切の予断や偏見を排除した，事実にもとづく客観的で，いつでも誰によっても検証可能な信頼性に担保されたものでなければならない。意思決定に有用な情報提供，もちろんそれはそれで極めて重要ではあるが，会計の世界で何よりも先ず守られなければならないのは，事実にもとづく客観的で信頼性が担保された財務情報の提供である。同じく有用性といえども，会計の世界における信頼性を基軸に据えた有用性とファイナンスの世界における便益的な有用性とでは，実質的な内容を異にしている。会計の根源である信頼性は，未来計算の結果にまで責任を持つ受託責任によって担保されるものではない。いくら声高に受託責任機能が叫ばれたとしても，会計が提供する情報の信頼性が真に確保されたことにはならないのである。本質を見極めるためには，言葉に惑わされないようにしなければならない。

第7章　会計学者の責任

1. はじめに

　会計の計算構造を支える複式簿記は，13世紀初めのイタリア北方諸都市で，債権債務の備忘録として誕生する。発生当初は，諍(いさか)いが生じた時，公正証書の代わりとして文書証拠の役割を果たしていた。帳簿の冒頭に十字架を書き込むと同時に神への誓いの文言を記すことによって，記録に虚偽や誤謬がないことを担保したのである。誕生から百数十年の時を経て，複式簿記は，企業の総括損益を計算する技法(アート)として完成を見る。

　16世紀から17世紀にかけて，プロテスタンティズムの勤勉さや誠実さ，あるいは信用や経済倫理（世俗内的禁欲）といった経済的合理主義によって形成される資本主義の精神が徐々に熟成されてくる[1]。とりわけ，18世紀後半には，産業革命の進行に伴いその経済基盤を支える複式簿記は，われわれの日々の生活により一層大きな役割を果たすことになる。

　こうして，産業構造の中心が商業資本から産業資本に，そして今日の金融資本の時代へと変革していくにつれ，会計の中心的な役割もまた，過去1年間の

1　ヴェーバー著，大塚訳［1989］38-94頁。

事実にもとづく配当可能な実現利益情報の提供から将来獲得するであろうキャッシュ・フローにもとづく投資意思決定に有用な利益情報の提供へと変容していく。意思決定有用性アプローチの台頭である。

　信頼性を第一として生成し，進化してきた会計ではあったが，提供先の要望に添う情報の提供が優先され，検証可能性や信頼性に代わって目的適合性が前面に押し出され，有用性重視の傾向が徐々に強くなってくる。その結果，会計は，同じく投資家のためといいながらも，多くの一般的な株主のためではなくごく一部の大株主としての投機家のための情報提供にその役割を転換させていく。信頼性は片隅に追いやられ，有用性偏重から生じてくる様々な矛盾が単に会計や経済の分野だけに止まらず，われわれの生活や存在そのものに関わるところでも生じてくる。本章では，こうした状況下で，われわれ会計学の研究に携わる者は，いかなる役割を果たし，どのような自覚と責任をもって会計学に向き合っていかなければならないかについて，考えていくことにする。

2. 会計誕生の原点は信頼性

　複式簿記が債権債務の備忘録としての役割を担って誕生したということは，日々の記録が単なる取引のメモとしてつけられていたわけでないことを物語っている。トラブルが生じたときの文書証拠としての役割を果たす目的で記帳されていたのである。取引を巡って係争が生じたとき，複式簿記による帳簿記録が公正証書に代わって裁判所に提出され，証拠書類としての役割を果たしていた。それだけ複式簿記による記録は，多くの人から信頼を勝ち取っていたといえよう。まさしく会計の利益計算構造を支える複式簿記は，商取引の事実にもとづく正確で虚偽や不正のない信頼できる記録であることを立証する証拠書類として機能していた。

　こうして誕生した複式簿記ではあったが，生成当初のヴェネツィアでは，ま

だ期間に区切った総括損益を計算するまでには至っていない。発生当初の複式簿記は，元帳内に集合損益勘定が設置されていないか，いたとしてもそこには元帳内のすべての勘定が転記され，さながら試算表の体をなし，とても利益が計算できるような状態ではなかった。総括的な期間損益の計算が可能になるのには，さらに百数十年の年月を要する。

　ただ，同時代でもフィレンツェでは，期間を区切って他人と組合を結成していたため，どこかの時点で利益を分配しなければならず，まだ定期的ではなかったが，実地棚卸によって利益を求めて分配していた。このように，生成当初では複式簿記によって企業の総括的な損益を定期的に計算するには至っていなかった。しかし，その計算構造の中に損益計算機能を内在させていたのは明らかである。この損益計算機能が顕在化していくのが14世紀の半ばになってからのことである。もちろん，この時点ではまだ非定期的な損益計算に過ぎなかった。複式簿記にもとづくフローの側面からの正確な損益計算がストックで求めた利益の検証によって複式簿記を完成に導く。

　公正証書としての役割を果たして誕生した複式簿記の機能に損益計算機能が付け加えられることになる。こうして，取引の証拠書類としての信頼を獲得した複式簿記は，そこで計算される損益計算に対する信頼性をも併せて手に入れていくことになる。取引に携わるすべての人から信頼を得るためには，何よりも事実にもとづく正確な記録をつけることが前提である。信頼できる正確で検証可能な記録をつけることが記帳係の責務であり，その記録の開示に伴う透明性を担保することが経営者の責任といえる。

　繰り返しになるが，今一度確認しておきたい。ストックの側面から実地棚卸で求め利益をフローの側面から帳簿記録によって求めた利益によって検証する行為は，それまで債権債務の備忘録の段階でとどまっていた複式簿記の中に潜在化していた損益計算機能を顕在化させることになる。複式簿記は，債権債務の備忘録として発生したが，その誕生当初から損益計算機能を内在化させてい

たのである．その機能を顕在化させる引き金になったのが他人と組んで結成されたフィレンツェの期間組合であった．そこでは，利益分配の必要性から実地棚卸で求めた利益の正しさを複式簿記で作成した集合損益勘定の利益で検証したのである．この時点をもって複式簿記の完成と見なすことができる．複式簿記の本来的な機能は，まさに損益計算にあることを示している．

これが14世紀前半のコルビッチ商会に見られるように，当時の商人たちの叡智の結晶である．公正証書に代わる文書証拠として13世紀初めに誕生した複式簿記は，百数十年の時を経て，遅くとも14世紀の半ばには，完成を見ることになる．しかし，複雑な計算にはいつも誤謬や虚偽がつきまとう．教育がまだ十分ではなく，いわんや今日のように電卓やパソコンのなかった時代では，複式簿記によって取引を記録し，誤りなく利益を計算していくことは至難の業であったであろうということは，容易に想像できる．そのためにも，複式簿記の信頼に対する期待や要請には，大きなものがあった．

16世紀半ばから17世紀を迎えると，世界の覇権は，イタリアからフランドル地方やオランダへと移っていく．それに伴い，複式簿記もまた近代化の方向に大きく舵を切り，商業規模の拡大や商業形態の変化に対応して，新たな記帳技法を次々と考案してくる．年次決算の確立，特殊仕訳帳（日記帳）制，勘定の部分的統括化，固定資産の時価評価，あるいは精算表の作成といった今日の会計処理法に近い記帳手続が創意工夫され，実務のなかに定着していく．

こうして定着した新しい技法は，産業革命の遂行過程で誕生する巨大な株式会社の出現によって，その役割を損益計算から資金調達のための株主への情報提供へと変容していく．巨額の資金を一般の株主から調達するためには，当該企業への投資が如何に安全で有利であるのかを説得し，多額の投資を確保していかなければならない．その説得のための手法として考案されたのが貸借対照表であり損益計算書であった．この財務諸表を通して投資の安全性と有利性を株主に提供したのである．

貸借対照表の先駆けは，グラスゴーの織物製造会社フィンレイ商会の1789年から1790年の1年間の決算残高勘定だけを1冊の帳簿に集めた残高帳(バランス・ブック)である。この残高帳には，決算残高勘定から転記された内容に誤りがないことを証明するために記帳責任者のサインが記入され，最後に組合員への利益分配額が記帳されている。これに類する帳簿は，これまでのイタリア式簿記に見出すことはできず，18世紀後半のイギリスのキャロン・カンパニーの残高帳や19世紀前半のイギリスのグレート・ウエスタン鉄道で半期決算のために作成されたバランス・ブックとも異なるところである。まさしく，フィンレイ商会が独自に考案した報告のための帳簿であり，単なる決算残高勘定の寄せ集めの帳簿ではない[2]。

このように，18世紀末から19世紀前半にかけての産業革命期には，記帳技法としての複式簿記が新たに会計学へと進化し，それに伴い資金調達のために財務諸表が作成され，新たな情報開示のための様々な工夫が考案される。こうして新たに誕生した会計学は，これまでの組合員相互間での分配可能な実現利益の提示から新興株主への投資意思決定に有用な情報提供へと大きくその役割を変えていくことになる。

3. 有用性への転換による会計の変質

会計とは，日々生起する経済事象を認識し，事実にもとづいて利益を測定し，その結果を利害関係者に情報提供する行為である。今日の会計の主たる役割が株主への情報提供機能にあるのは，周知のとおりである。この提供する会計情報の中心が企業利益であることにも異論はなかろう。ただその利益の中身については，伝統的な会計観のもとでの利益と今日の公正価値会計のもとでの

2　渡邉［2017］90-97頁。渡邉［2014］213-215頁。

利益とでは，その他包括利益（OCI）の取り扱いについて大きな違いが生じている。とはいえ，両者ともその根底にあるのは，損益計算である。したがって，会計の基本的な役割は，損益計算にあるといえる。

　アメリカの財務会計基準審議会（FASB）は，提供先の情報利用者の中心を株主におき，彼らの要求する具体的な内容を過去1年間で獲得した利益ではなく，企業がこれから獲得すると見込まれる将来キャッシュ・フローに求めた。事実にではなく予測にである。その結果，これまでの収益費用アプローチにもとづく利益情報では彼らの要求を満たすのには不十分となり，資産負債アプローチにもとづく純資産の現在価値の増減比較から求める利益情報を重視するに至った。継続記録を前提にした当期純利益計算ではなく公正価値に重点を置いた包括利益計算にである。その基盤が，過去1年間に獲得した実際の利益ではなく，将来キャッシュ・フローにもとづく予測の利益である。この時価評価と将来キャッシュ・フロー計算を基軸に据えた公正価値会計のもとでは，従来の収益費用アプローチによるフローの側面からの変動差額計算では対応することができず，畢竟，資産負債アプローチによるストックの側面からの増減比較計算に依拠せざるを得なくなってきた。

　もし資産負債の時価評価による差額計算のみで利益を求めるのであれば，日々の継続的な記録を前提にする複式簿記は，もはや必要なくなる。求める時点の資産負債の現在価値が分かればそれで利益を計算することが可能になるからである。もしそうだとすれば，そうして計算された利益の正しさは，何によって検証されるのであろうか。次の瞬間に変動する時価評価額や予測にもとづく将来キャッシュ・フローで求めた利益のどこに信頼を置けば良いのであろうか。予測による利益の信頼性は，一体何によって担保されるというのであろうか。

　如何に厳密な数式にもとづいて算出された利益であったとしても，予測は，所詮予測である。もし，計算によって求めた利益の正当性をあくまでも主張す

るのであれば，現実の利益を予測した期待利益に修正するより他に道はない。その結果，会計を誕生させた根源である信頼性が脅かされることになる。会計記録は，絶えず虚偽や誤謬というリスクに直面している。このリスクを回避し，信頼を勝ち取ることが会計の誕生以来の役割であるとともに使命でもあった。これに応えるためには，事実を隠さず，また手を加えることなくありのままの姿を開示することが重要である。日々の取引事実にもとづく記録が信頼を担保する最も分かりやすい手法なのである。

会計上の利益にとって重要なのは，分配可能な実現利益であり，決して絵にかいた単なる期待利益ではない。たとえ投機家やアナリストが将来の予測利益の開示を求めたとしても，もちろんそれは経営者にとっては極めて重要な情報であることには変わりはないが，会計上の利益とは明確に峻別しなければならない。会計上の利益は，現実に手にすることのできる実現利益でなければならない。

この実現概念に関して，日本企業会計基準委員会（ASBJ）は，2009年9月に収益に関する論点の整理を公表し，わが国の収益認識に関する包括的な会計基準の設定に向けて着手した。さらに，2017年7月に「企業会計基準公開草案第61号」で収益認識に関する会計基準とその適用指針を公表し，2021年4月からの適用に向けて2018年3月に5つのステップからなる「収益認識に関する会計基準」を公表した。なぜなら，これまでのわが国の収益認識基準には，包括的にして明確で具体的な基準が必要になるからだという。その結果，これまでの実現概念が基準から削除される方向で調整されようとしている。恐らく，公正価値会計のもとでは，収益の認識に関して，実現概念が大きな足かせになるからであろう。しかし，現実は，絵にかいた餅では決して空腹を満たすことはできないのだけれども。

産業革命以降，会計は，その第一義的な役割を主として将来投資家も含めた株主への情報提供に置くに至った。したがって，提供される情報の中心は，当

該企業への投資が如何に安全で如何に有利かを示すための工夫が織り込まれたものであった。19世紀初めのイギリスにおける鉄道業では，資金調達のために，前者の安全性を提供する手段として貸借対照表が，後者の有利性を提供する手段として損益計算書（収支計算書）が作成され，それらが株主や将来投資家に開示される。それを後押しするために，1844年に会社法が整備される[3]。

そこで提供される情報の中心は，一方で当該企業が有する純資産額の提示であり，もう一方では1年間ないしは半年間で獲得した利益の総額である。いうまでもなく，今期の純資産の額がわかれば前期のそれと比較して当期の利益を求めることができる。貸借対照表も損益計算書も共に提供する情報の中心は，利益を生み出した結果とその原因である。投資にとって安全で有利な利益情報の提供である。今日では，この提供する利益の内容が実質的に変容してしまっている。同じく利益情報の開示という一言でひとくくりにできないほどの変容である。

しかし，昨年1年間で得た利益や純財産の額が提示され，投資が如何に安全で有利だといわれたとしても，南海泡沫事件（1720）を過去に経験したイギリスの人々は，そこに提示された利益が真に信頼できるものであるのか否かを何らかの手法で担保したものでなければ，投資に二の足を踏むのは当然である。そこで登場するのが，当該企業と利害関係のない会計の専門家による会計帳簿の点検である。こうして誕生したのが会計士監査である。今日のスコットランド会計士協会（ICAS）の前身であるエディンバラ会計士協会が1853年に設立され，少し遅れて1880年にはイングランド・アンド・ウエールズ勅許会計士協会（ICAEW）が，また1887年にはアメリカ会計士協会（AAPA）が相次いで設立される[4]。会計に対する信頼を回復しようとする試みである。

3　渡邉[2017]第4章参照。
4　渡邉[2017]122-123頁。

4. 矛盾を拡大させる公正価値会計

　13世紀初めにイタリアで発生した商業資本は，会計の利益計算構造を支える複式簿記を誕生させるが，18世紀末から巻き起こる産業革命によって，産業資本は，損益計算技法として誕生した複式簿記を会計学へと進化させていく。さらに21世紀を迎えると，新たな金融資本の勃興によって，これまでの会計に質的な転換をもたらす。事実計算をベースにした財務会計の領域に将来キャッシュ・フローという予測計算を持ち込むことになる。その結果，会計がその発生当初から基軸にしてきた発生主義による損益計算に質的な転換を余儀なくさせていく。

　今日の金融資本主義といわれる経済体制のもとでは，お金が交換手段ではなく商品そのものになり，利益の源泉になる。もちろん，中世の金融業においてもお金がお金（利息）を生み出していたが，まだ商品そのものになっていたわけではない。重要なのは，金融資本主義経済の下での利益を発生させる要因が，商品やサービスの売買によって求められる利益ではなく，株式に代表される金融商品の売買によって生じる利益であるという点にある。このような状況下では，産業資本主義の下で見られた厳密な原価計算にもとづく利益計算は，もはや不要になる。その結果，フロー計算に代わってストック計算による損益計算，すなわち資産負債アプローチが新しい利益観として登場し，当期純利益に代わって包括利益を重視する公正価値会計が国際基準として世界を席巻することになる。今日，アメリカ財務会計基準審議会（FASB）や国際会計基準審議会（IASB）が提唱する会計基準とのコンバージェンスを意図するわが国の企業会計基準委員会（ASBJ）は，取得原価主義会計と公正価値会計との調整に腐心しているといった状況であろうか。

　取得原価主義に代わる時価主義会計の必要性は，1920年代以降ペイトンやス

ウィニーによって主張されるが，本格的な資産負債アプローチによる利益観は，1970年代後半から1980年代にかけて広く認知されてくる。こうした状況下で，21世紀に入り財務会計基準書(SFAS)第157号において公正価値による測定が提示され[5]，これをベースにして2009年5月にIASBによって公正価値測定の公開草案が公表される。それ以降，将来キャッシュ・フローの割引計算が会計測定の中心に位置することになる。

　この割引計算の萌芽的な形態は，19世紀中部イングランドのスティブリー石炭製鉄会社に見出せるとの解釈も見られるが，すでに述べたように，そこでは厳密な原価計算のための埋蔵量の推定に用いられた手法であり，減価償却に代わる減耗償却の原初的な形態として捉えるべき処理法である。一般には，今日の割引計算の原型は，20世紀に入ってフィッシャーやキャニング等によって主張されたといわれるが[6]，会計の領域に本格的に導入されるのは，21世紀になってからのことである。

　FASBやIASBが推奨する公正価値測定にもとづく資産負債アプローチは，何よりも取得原価主義による過去の損益計算を時価によって現時点での損益計算に転換させ，大株主である投機家たちの要求する企業価値情報を提供するのに適応した新たな手法として登場することになる。まさしく，今日の金融資本中心の経済状況下において，資産負債アプローチは，ストックの側面からの損益計算として最も適した会計手法として受け止められている。この利益観は，資産・負債を公正価値で再評価し，企業価値を算出して意思決定に有用な情報を投機家たちに提供することが会計の役割であるとする今日的な考え方である。この考えを突き詰めれば，継続記録を前提にした収益費用アプローチはもはや不要になり，それは同時に800年に渡って信頼性を基軸に会計の利益計算構造を支えてきた複式簿記が不要になることを示唆している。会計にとって必

　5　FASB[2006] SFAS No.157, Fair Value Measurement.
　6　久保田[2013] 198頁。

要なのは信頼性ではなく有用性だというのである。しかし，取引において最も大切なのは信頼であり，信頼性が担保されている情報だからこそからこそ有用になるのである。われわれは，この点を再認識しなければならない。

今日，わが国ではASBJによる日本基準，FASBが提唱するアメリカ基準(USGAAP)，IASBによる国際会計基準(IFRS)，加えて修正国際会計基準(JMIS)の四つの基準が存在している。こうした国際的な状況下で，暖簾の償却による利益のかさ上げ効果や持ち合い株の評価による利益の変動懸念などのため，海外進出を果たしている200社近くの企業が今後，日本基準やアメリカ基準から世界の120カ国以上の国々が採択している国際会計基準に漸次切り替えていくであろうといわれている[7]。国際会計基準を擁護し，推奨する傾向がますます強くなっているのが現状である。

ASBJは，2004年7月に討議資料「財務会計の概念フレームワーク」を公表し，2006年12月に一部修正した公開草案を作成した。そこでは，米欧の動向と歩調を合わせ，「同等性評価の障害となって国際的孤立を招くという懸念」を避けるため，わが国固有の会計基準を公開草案として決議することを控えて，討議資料の段階にとどめている。また，日本基準は，国際基準による包括利益に対してリサイクリングの提示など，わが国の研究者としての一定の矜持を示しているということができるのかも知れない[8]。しかし，好むと好まざるに関せず，国際基準へのコンバージェンスが一段と加速されているのもまた現実である。

5. 問われなければならない会計学者の責任

国際会計基準が提示する包括利益は，公正価値によって評価されるため，そ

---

7 2018年4月14日，日本経済新聞朝刊2面。
8 斎藤[2007]2頁。

こには単に市場価値だけではなく将来キャッシュ・フローの割引計算といった予測値が混入される。しかし，会計的数値にとって最も重要なのは，信頼にある。信頼は，事実によって担保される他に道はない。将来キャッシュ・フローの割引計算は，どのような厳密な計算式によって求められた数値であったとしても，予測計算であることに変わりはない。現実がいつも予測通りになるなら，不慮の災害など無縁のはずである。しかし，われわれはいつも「想定外」の現実に悩まされてきた。会計の分野においてもまた然りである。会計や経営以外の様々な要因によって株価は大きく変動し，それによって企業価値もまた大きく変わることになる。

　包括利益は，意思決定有用性アプローチのもとで，長期にわたる安定した配当を期待する一般株主（投資家）のための利益ではなく，瞬時の株価の変動によって投機的な利潤を期待する一部の投機家や投資ファンド，あるいは投資アナリストの要求に応えるための利益であるといえよう。今日の国際財務報告基準(IFRS)やそれに呼応するわが国の財務会計の概念フレームワークを見る限り，会計の役割が企業を長期的に支える一般の投資家のための情報提供といった意味合いから大きく外れ，単に短期的な利益を得るためのごく一部の大資本を有する投資家に寄与するための情報提供になってしまった感が拭えない。有用性が先行し，信頼性が二の次になってしまったからである。

　その結果，ごく一部の大資本を有する投機家が膨大な投機的利潤を手に入れ，世界的な規模で国家間や国民間の経済的格差を拡大せしめている。トマ・ピケティによれば，1970－1980年代以降は格差が急速に拡大し，21世紀には19世紀よりもより一層格差社会が拡大すると予測している。アメリカでは，1929年の世界大恐慌と2008年のリーマンショックの時期が下層・中流階級の実質購買力の低迷期と重なっていることから，彼は，格差の拡大が金融不安の

　　9　ピケティ著，山形他訳[2014] 247, 308頁。

一因になったと結論づけている[9]。

　こうした経済的格差による貧困や差別化が大きな要因となって，世界の各地で犯罪や紛争やテロといった様々な社会問題が引き起こされている。貧富の差を拡大させ，経済的格差によって多くの争いを生み出している状況に，もし会計学がたとえ間接的にしろ関わっているとすれば，現実に会計基準の設定や理論の構築に関与している研究者や実務家は，果たしてどれだけの自覚をもってそうした研究に向き合っているのであろうか。巨額の資本を有する投機家に有用な情報を提供し，彼らにとって有利になるような会計基準を設定し，それを是として貧富の差を助長する基準の設定に関与し，社会の矛盾の拡大に結果的には手を貸してきたことになる会計学者や実務家の社会的・道義的責任が問われることはないのであろうか。

　核分裂を発見し結果的には原爆を産み落とす原因を作ってしまったアインシュタイン，あるいは湯川秀樹や武谷三男は，戦後，科学者としての責任を痛感し，原子力の平和利用を強く説いた。また，1952年10月23日の日本学術会議の総会の席上，「工業発展に原子力発電は不可欠だ」と主張する大阪大学教授の伏見康治に1人の研究者が発言を求め，激しく反論したという。それが当時広島大学教授の物理学者三村剛昂(よしたか)であった。

　三村は，たとえ原子力の平和利用と声高に唱えたとしても，原子力が一夜にして原爆に変わってしまう現実を直視すれば，たとえ平和利用という大義のもとでの原子力発電といえども，決して賛成することはできないと声を震わせた。三村は，「だからわれわれ日本人は，この残虐なものは使うべきものでない。この残虐なものを使った相手は，相手を人間と思っておらぬ。相手を人間と思っておらぬから初めて落とし得るのでありまして，相手を人間と思っておるなら，落とし得るものではないと私は思うのであります。ただ普通に考えると，二十万人の人が死んだ，量的に大きかったかと思うが，量ではなしに質が非常に違うのであります。しかも原子力の研究は，ひとたび間違うとすぐにそ

こに持って行く。しかも発電する―さっきも伏見会員が発電々々と盛んに言われましたが，相当発電するものがありますと一夜にしてそれが原爆に化するのであります。それが原爆に化するのは最も危険なことでありまして，いけない。…これまで様々な科学者，学者を見てきました。金にまみれて権力にすり寄り，みずから権力者であることに生きがいを見出しているかのような，そんな科学者。一方，自らの正義感で，信念をまっすぐに貫く科学者の姿も。これらの姿に接すると，本当に元気が出ます。私自身，後輩たちに勇気と元気を分けることができるような，そんな存在であり続けたいと思います[10]」と涙ながらに訴えたと伝えられている。

　われわれが関わっている科学は，新たな未知の世界を知りたい，解明したいという欲求に突き動かされて発展してきた。科学者は，絶えず真理の探究を目指し，ある時は核分裂のしくみを明らかにし，その結果が原爆を生み出してしまう。そんな時，科学者の責任は，どうように捉えればよいのであろうか。科学の研究は，単に真理の探究だけに止まらず，われわれが生きている社会の未来をどのようにするのかという理念とリンクしていなければその存在の意味はなく，また研究する意義もない。社会科学の場合は，研究対象がわれわれの生きている社会であるがゆえに，猶更このことが問われなければならない。科学に携わる者の責任は，自己の発明や発見あるいは新たな制度や基準の設定が社会にどのような影響を与えるのかにまで及ばなけれならない。第二次世界大戦中，原爆製造のマンハッタン計画に加わったアインシュタインは，後に，「もし生まれ変わることができるなら，もう自分は科学者にはならない[11]」と心の底を打ち開けたという。

　山本義隆もまた，最先端の科学技術が一夜にして何十万人もの人の命を奪う化学兵器に変身してしまう恐ろしさを指摘している。新しい夜明け明治を迎

10　河野［2013］いろいろダイアリー。
11　小出［2014］250-254頁。

え，欧米先進国に追いつけ，追い越せのスローガンのもとで富国強兵に邁進した明治新政府は，日清日露戦争を経て列強の仲間入りを果たし，科学の発展こそが救国の道具であると信じて歩んできた。そうしたわが国の科学技術に対して，彼は，「科学技術の進歩とそれに支えられた経済成長が無条件に良いものであるという，近代社会を推進してきた価値観に，全世界的に疑問符が投げられ始めた[12]」という。戦争の道具としての「ゼロ戦や戦艦大和を作る科学技術も，[われわれの日常生活を快適で便利にする] 乗用車や新幹線を作る科学技術も，科学技術として本質的に異なるわけではない。前者を『似而非科学』，後者を『真正科学』と区別することは，単なる思い入れの問題である[13]」という。三村のいうように，総ての科学者は，自らの発明や新たな制度設計に対して無条件にその責任を負わなければならい。決して他に転嫁することはできないのである。

　会計学の研究分野においても同様のことがいえる。金融資本主義といわれる状況に対応するため，「役に立たなければ学ではない」という御旗をたてて，会計は，投資家にとって有用な財務報告のための基準を設定していく。意思決定有用性アプローチである。もちろん，投資家に有用な会計基準設定の意図それ自体には，何の矛盾も不合理もないかも知れない。しかし，財務会計の主たる役割が企業を支え安定的な配当を望む一般の投資家のための情報提供ではなく，ごく一部の単に自己の利益の極大化のみを目的とする投機家のための情報提供になるなら，話は別である。一部の投機家が莫大な利益を得るだけで，それによって貧富の差が拡大し，経済的困窮者が続出し，多くの人が飢えや貧困に苦しみ，国家間での紛争を引き起こす要因になっているとすれば，何のための情報提供であったのか，何のための基準づくりであったのかが問われてくる。会計学の存在意義そのものが問われることになる。

12　山本［2018］序文ix。
13　山本［2018］212頁。

単なる消費経済の行き着く先は，戦争なのである。戦争によって破壊つくされた建物や多くの人を死に至らしめた爆弾は，それを再利用することができないからである。もし真に自由で民主的な社会の持続を求めるならば，先に述べたアインシュタインの悔恨を繰り返さないためにも，すべての学問に携わる者はいうに及ばず，われわれ会計学者もまた学問する意義について，自己の研究の行きつく先，その結果についてしっかりと思いを巡らす必要がある。

わが国には，近江商人の「三方よし」という伝統的な経営理念がある。会計学もある特定の大株主に寄与するためだけの学問であっては，早晩その存在意義を失くしてしまう。また特定の株主を利するだけの基準設定に寄与する研究ならば，そのような研究は，所詮意味がない。ごく一部の投機家あるいは企業に関わる関係者だけではなく，全世界の全ての人々，また何よりもわれわれが生きている自由で民主的な社会そのものに貢献できる研究に関わってこそ，学としてのまた研究者としての社会的責任を果せるというものではなかろうか。会計学もまた然りである。

6. お わ り に

複式簿記は，13世紀初めのイタリアで債権債務の備忘録として誕生し，14世紀前半に実地棚卸で求めた利益を帳簿記録で検証する技法(アート)として完成する。その背景には，信頼性があった。信頼性を基軸に据えた利益計算のための技法は，19世紀を迎え，新たに生じてきた様々な社会現象に論理的・実証的に対応しうる体系的知識，すなわち科学(サイエンス)として確立を見る。それが社会科学としての会計学である。

会計学は，企業を取り巻く利害関係者に利益情報を提供する単なる技法ではなく，その利益が如何なる要因によって生じ，いかなる意味を有する利益であるかについて体系的に実証し，利害関係者に情報提供する社会科学の一分野で

ある。研究対象は，社会でありその社会を構成している人間である。したがって，単に社会現象の真理を解明するだけではなく，またその時代の社会の要望に応えるだけでもなく，もちろんごく一部の富める人のためだけでもない。社会を根底から支えている多くの人を幸せに導くための学問でなければ，その存在意義はない。もし逆に，会計学が社会的な矛盾を拡大させ，結果的に多くの人を不幸に陥れる社会システムとして機能しているのであれば，会計学者は，その責任を問われなければならない。

ピケティは，「もしも，ここ数十年米国で見られた労働所得の集中の強化が続くと，2030年には最下層50パーセントは，トップ10パーセントへの報酬総額の半分しか稼げなくなる[14]」という。利子や配当，あるいはキャピタル・ゲインといった資本所得の割合で行くと，この格差はさらに大きくなる。2010年から2011年の実証分析によると，アメリカではトップ10％の富裕層がすべての富の72％を有し，最下層の50％は，わずか全体の2％しか所有していないことになる[15]。

こうした経済的格差が拡大し，社会的矛盾が増幅する状況下で，われわれ会計学の研究に携わる者がごく一部の投資家の利益に与する会計基準の設定に関与することによって，貧富の差を拡大させ，金融不安による政情不安をもたらし，多くの人を不幸にし，社会を混乱に陥れる一因を作り出しているのであれば，そのような会計基準の設定には決して関わるべきではない。多くの人を幸せにできる基準の設定を模索し，制度化していくことこそが会計学の役割であり，会計学者の責任である。

今一度声高に主張したい。会計学は，企業を取り巻く利害関係者に情報を提供する単なる技法(アート)ではない。社会科学(ソーシャル・サイエンス)の一分野である。研究対象は，社会でありその社会を構成している人間である。したがって，単に社会現象の実情を

14　ピケティ著，山形他訳[2014] 265頁。
15　ピケティ著，山形他訳[2014] 267頁。

明らかにするだけではなく，社会や生活を壊さない，人を不幸に陥れない学問領域でなければならない。会計学にとって重要な課題は，単純に利益の極大化ではなく，適正な利益志向とその配分の問題にある。会計学者の責任は，単に利益極大化志向の制度や基準設定に与するのではなく，適正な利益とは何かを問いかけ，ありうる利益概念を提示し，獲得した利益の適正な配分のためのシステムを構築することにある。人や社会にとって真に有用な制度や基準作りに。ここにこそ会計に携わる者の社会的責任がある。もしそうでなければ，会計学は，早晩その存在意義を失うであろう。

第8章　ポスト金融資本主義のもとでの会計学

1.　は　じ　め　に

　産業革命を迎えて，これまでの商業資本中心の経済構造は大きく変貌を遂げ，産業資本中心の社会へと踏み出していく。巨大な製造業に支えられた重商主義政策のもとで，産業資本中心の資本主義は，三角貿易と植民地政策による地域の価格差を利用してますます肥大化し，イギリスを「太陽の沈まない国」に押し上げていった。しかし，19世紀末から20世紀を迎え，その世界地図が塗り替えられていく。

　イギリスに代わる新興国家アメリカの台頭である。当初は，イギリスの産業資本を引き継ぎ，著しい経済発展を成し遂げていくが，やがてこうした流れも市場経済を中心にした金融資本中心の産業構造へと大きく舵を切ることになる。それに伴って，会計の目的も伝統的な取得原価にもとづく厳密な実際原価計算による実現損益の計算から金融資本家にとって有用な公正価値にもとづく企業価値計算へと転換していく。さらに，投資意思決定に有用な情報の作成や経営計画の樹立に必要な管理会計が登場し，その結果，過去会計である財務会計の領域にも将来の予測計算が組み込まれた管理会計的思考が導入されてくる。いわば私的な内部報告のための予測や期待の数値が公的な外部報告のため

の世界に持ち込まれ，単なる私的な領域での期待値が公的な世界にすり替えられ，まるでそれが現実の数値であるかのような錯覚を生み出してくる。まさしく，公私混同である。

　企業価値を重視する今日の意思決定有用性アプローチによる情報会計のもとでは，その測定基準も従来の伝統的な取得原価では役に立たず，各資産の現在価値によって，すなわち公正価値で評価する測定方法が支配的になってくる。こうして，1970年代末のアメリカで始まる金融自由化の流れは，1980年代の半ば以降に経済開発協力機構（OECD）諸国に広がり，1990年以降にはその効果がもたらされ，2000年末からのITバブルの崩壊を経て，それに引き続く経済回復過程で頂点に達したといわれている[1]。本章では，1970年代以降に金融の自由化に始まったいわゆる金融資本主義と呼ばれる経済体制のもとで会計がどのように変質に，その矛盾を克服するためのポスト金融資本主義，すなわち21世紀型の資本主義ないしは市民主義のもとで，会計が如何にありうるのか，その姿を模索していくことにする。

2. 金融資本主義の矛盾

　わが国でも1980年代になると，これまでの銀行，証券会社，保険会社といった金融業に関する金利や業務分野，そこで取り扱う金融商品等についての国による様々な制限が撤廃され，独自の判断で自由に設定できるようになる。とりわけ1996年のいわゆる金融ビッグバン以降は，金融の自由化に拍車がかかっていく。こうした状況は，企業戦略の転換を余儀なくさせるだけではなく，これまでのケインズ的な考え方を変えてしまうほどのパラダイム転換がなされていく。新しい金融派生商品の登場により，市場が効率的に作用し，絶えず適正

1　ボワイエ著，山田他監訳［2011］21頁。

な価格を形成するという新しいファイナンス理論が構築されていく。こうした一連の流れによって，会計学がこれまでに採ってきた測定基準，すなわち従来の取得原価（実質的には取得原価と市場価格の混合測定）では対応しきれず，必然的に時価，とりわけ将来キャッシュ・フローの割引計算を含む公正価値（未来価値）に依拠することになる。この時価評価を支えているのは，「利用可能なあらゆる情報が市場価格に織り込まれている」とする効率的市場仮説が前提になっているからである[2]。

もちろん，その市場は，必ずしも完全に機能しているわけではないが，実際に取引が実現したときに市場価値で測定するのは別にして，決算に際して資産を評価替えする際の市場価値による測定は，その価格が後に必ず実現することが担保されているわけではない。そのため，市場価値による評価替えが取得原価による測定と比べて必ずしも優れているということはできない，という指摘もある[3]。また，市場に過度に依存する危険性は，すでに1980年代半ばに，当時LSEの教授であったマイケル・ブロミッチによって，次のような警鐘が打ち鳴らされている。すなわち，実社会ではすべての資源や投資の機会が完全な市場で取引されているわけではない。例えば，人的資産を市場に売り込むときや暖簾を適正に評価して販売することの困難さなどがその事例としてあげられる。こうした先物市場や保険に対する投資機会が不足している状況は，市場がまだ不完全であり，当該資産が有する実現可能価格や再調達原価と現在価値との落差が市場の不完全さを示している証左であると[4]。

その誕生以来800年近くにも渡って会計測定の基礎となってきた取得原価が当該資産の購入時点の市場価格であるのはいうまでもない。会計が市場価格を測定の基盤にしてきたのは，必ずしも市場が効率的に作動し，絶えず適正な価

2　ボワイエ著，山田他監訳［2011］22頁。
3　髙寺［2008］236-237頁。
4　Bromwich［1985］p.57.

格を形成しているからという根拠だけではなく，現実の取引が市場価格によって交換され，事実としての取引記録が残存し，誰でも何時でもその事実を検証することが可能であるからである。このように，取得原価は，事実にもとづく客観性と誰もが検証できる透明性が担保され，信頼性を勝ち取り800年にも渡って用いられて続けてきた測定基準であった。しかし，近年の意思決定有用性アプローチのもとでは，取得原価主義による財産価値の表示では，株主とりわけ投機家からの要望に対して必ずしも十分に応えることができていないのではとの指摘を受け，これまでの測定基準に代わって公正価値による評価が登場してきたのは，是非は別にして，よく知られている通りである。問題は，決算に際して資産の将来価値を予測による市場価格で評価して良いのかどうかにかかっている。

　いうまでもないことではあるが，商品や備品や建物の購入といった実体を持った資産のやり取りに際して基準となる価格は，その時点での市場価値すなわち時価である。まぎれもなく，現実に取引が行われた時点における市場価格，時価なのである。それが時を経て，購入時点と現時点での時間の落差によって，当該資産の価格の間にも差異が生じてくる。このとき，購入時点の価格を取得原価と呼び，現時点の価格を時価と呼んでいるだけのことであり，両者の間には何ら本質的な差異はない。このように，公正価値を市場価格（時価）と位置づけるだけであれば，取得原価と公正価値の間にはどこにも本質的な違いは存在しない。

　しかしながら，これも周知のように，公正価値にはもう一つの測定基準がある。将来キャッシュ・フローの割引現在価値である。これが厄介な問題を醸し出している。投機家たちにとっては，この割引現在価値こそが企業価値の測定にとって最も重要な要素なのである。過去にいくらで購入したかという取得原価情報は，単なる情報価値に過ぎず，投機家の意思決定にとって重要になるのは，企業のブランド価値を示す株価総額，すなわち企業価値である。現時点の

企業価値が将来いくらになるかという情報こそが，安く買って高く売り抜けて利益を確保する投機家にとっては，最も有用な情報になる。投資対象の企業が果す社会的な役割や貢献度などは，投資決定の判断材料とは無関係である。この点については，後で触れることにする。

　本来，企業価値を構成する要素は，貸借対照表の借方である。もちろん，各企業は，多くの負債も抱えているため，実質的な企業価値は，貸方の純資産すなわち資本を指すことになる。この会計上の資本は，株主資本と自己資本と純資産の3項目に分類されるが，それとは別に，資産の一種として，金融資本という用語がしばしば用いられる。金融資本とは，元来，産業革命以降の資本の蓄積過程で産業資本と巨大化した銀行で蓄積された貨幣資本とが合体して構成された資本を意味しているが，一般的には金融資産を指し，具体的には貨幣や金融商品といった現金預金，受取手形，売掛金，貸付金等の金銭債権，株式や公社債および金融派生商品（デリバティブ）などが含まれる。この中でも特に問題になるのが，有価証券や金融派生商品の評価に関する問題である。

　金融派生商品の評価は，いうまでもなく将来の予測によって初めて成立する。不確実な予測計算にもとづく将来キャッシュ・フロー計算である。この予測値は，会計が800年に渡って採ってきた事実にもとづく誰でもが何時でも検証できる価格とは，質的に大きな違いがある。如何に厳密な計算式によって算定された数値であったとしても，予測は，所詮予測であって，現実の数値といつも一致することなどありえない。そうした現実と異なる未来情報のどこに有用性があるというのであろうか。ここに公正価値計算の大きな落し穴がある。会計は，事実にもとづく信頼できる客観的な情報を提供してきたからこそ，800年という悠久の時を耐えて，生きながらえることができたのである。もし，信頼性を置き去りにして，有用性という名のものに事実と異なる単なる期待情報を提供するのが会計の役割だとするのであれば，会計は，レブとグーの懸念するように，財務情報の有用性や価値関連性が急速に低下している状況を

勘案すれば，財務報告としての会計は，やがてその役割を終えることになるであろう[5]。

3．金融資本主義に適応する会計

　アメリカにおける1970年代から始まった著しいIT産業の発展は，1980年代に入ると瞬く間に花開き，世界を席巻する。巨額の資金が一気にIT産業に流れ込み，いわゆるネットバブルが到来し，ごく一握りの投機家(スペキュレイター)を中心にした資本の流れがアングロ・サクソン世界から全世界に広がっていく[6]。金融資本主義の始まりである。産業の発展にとって縁の下の力持ちの役割を果たしていた金融がITの発展と共にあっという間に表舞台に躍り出て，世界市場におけるグローバリゼイションを推し進めていく。膨大な資金を手にした一部の投資ファンドや国は，グローバル・スタンダードと称して自分たちにとって都合の良いシステム形成し，それを世界中に押しつけていく。

　投機家の目的は，証券市場に資金を投資し，短期間に回収して利益を獲得することにある。投資した会社の長期的な成長やその企業が果す社会的な貢献などは，投資意思決定に際してはまったくの蚊帳の外である。彼らは，企業の健全な成長を長期に渡ってサポートするのが目的ではなく，短期間に巨額の資金を株に投資しその売買差額で利益を得ることにある。そのためには，過去情報などは不要であり，現時点での情報や将来の企業価値情報を手に入れることがもっとも重要になる。

　投機家たちが望む企業価値を知るためには，これまでの取得原価では対応しきれず，必然的に時価，それも現在の市場価格としての時価だけではなく，将来の市場価格すなわち来価に依拠することになる。いわゆるブランド力であ

　5　レブ，グー共著，伊藤監訳［2018］4頁。
　6　原［2017］104-105頁。

る。将来キャッシュ・フローを基盤に据えた公正価値会計が金融資本主義のもとでの測定基準に最も適応している根拠がここにある。ここでいう公正価値は，これまで一般に用いられてきた売却時価や再調達原価あるいは正味実現可能価格という言い方で使われてきた評価基準ではなく，市場価値＋将来キャッシュ・フローの割引現在価値を指しているのは，承知の通りである。

　公正価値は，国際財務報告基準（IFRS）第13号で，「測定日時点で，市場参加者間の秩序ある取引において，資産を売却するために受け取るであろう価格または負債を移転するために支払うであろう価格」と定義されている。この定義は，財務会計基準書（SFAS）第157号の定義と同じであり，具体的には出口価格を指している[7]。しかも，「この公正価値が最初に使用された会計基準は，米国公認会計士協会（AICPA）から1971年に公表された会計原則審議会意見書（APBO）第18号『普通株式への投資に対する持分法による会計処理』であるといわれている[8]」。

　例えば，デリバティブといった商品は，未来の商品であり現時点では実物として市場に存在しているわけではないため，市場価値で評価するわけにはいかない。それでも時価で評価するというのであれば，その商品の将来価値を予測して，再評価するのが最も合理的な手法である。こうして考え出されたのが，将来キャッシュ・フローを想定し，その価格を将来の予測される利子率によって現在の価値に換算する方法である。いわば，予測に予測を掛け合わせて求めた価格である。現在の市場で取引される現在価値であれば，たとえその市場が不完全で厚みがなく，しかも容易に現金化されない価値であったとしても，実際に市場で取引が成立したという客観的な事実が存在するため，そこで取引された市場価格は，時価として検証可能であり，それなりの信頼性を担保しているといえよう。

7　上野［2014］247頁。
8　上野［2014］243頁。

しかし，投資ファンドにとっては，現在の市場価値によって企業価値を測定するだけでは，それほど大きな意味はない。なぜなら，彼らは，将来の株価の変動を期待して投資をするからである。大きな関心は，現時点ではなく将来の企業価値がいくらになるかである。そのため，現在の市場価値というよりもむしろ，将来のキャッシュ・イン・フロー計算に情報の有用性を見出すのである。これが測定基準を取得原価ではなく，また単純な時価による評価でもない近未来を視野に入れた公正価値へと変容させていく主たる要因になる。

　市場の動向には，すべての時価情報が織り込まれているとする考えがある。しかし，この問題は，市場の情報効率性，すなわち市場の完全性がどこまで担保されているかにかかっている。市場に対する信頼は，2007年の半ば以降に始まるサブプライム危機からリーマン・ショックによって大きく揺らいでいく。なぜなら，市場には，必ずしも厚みをもっていつでも容易に換金できるという活発な環境が担保されているわけではないからである。しかも，特定の商品にとっては，それがいつでも現金によって実現されるという補償もない。そのため，全面的な市場価値会計への急速な移行は，有害でさえあり，取得原価主義会計にくらべて市場価値(時価)会計の優位性がそれほど明確であるとはいえないということもできる[9]。

　しかし，すでに指摘してきたように，取得原価は，測定時点ではその時の市場価格を示している。もし市場価値による測定を全面否定するのであれば，それは同時に取得原価をも否定することになる。同じく市場価値による評価という場合でも，現時点での資産負債を現在時点の市場価値で評価するのと将来の価値を予測することによって未来の市場価値で評価するのとでは，そこに決定的な違いが存在する。したがって，現時点での事実によって担保された市場価値と未来の予測による不確かな市場価値とは分けて考えることが重要になる。

9　高寺［2008］235-237頁。。

しかも，貸借対照表の資産を市場価値で評価すれば，人工的な不安定性を大きくし，このことによって企業の取引活動への影響から資産価値に変動を与え，市場をより一層不安定にする要素が大きくなるともいわれている[10]。

公正価値（時価）には，現在の市場価値と将来の市場価値の両者が含まれるが，後者の将来の予測によって測定される価値が将来キャッシュ・フローの割引現在価値であるのは，よく知られている通りである。この将来キャッシュ・フローの割引現在価値を公正価値という名のもとに，会計における測定基準の中心に位置づけたところに，現代会計の明確なメッセージがあるものと思われる。ではなぜ，現実になるかならないか分からないような不安定な予測による未来価値を公正な価値と呼ぶに至ったのであろうか。またその根拠は，何処にあるのであろうか。重要なのは，実現しているか否かである。

公正価値（フェアー・バリュー）という名称は，外部報告というある意味で公的な性質を持つ財務会計に管理会計的な内部報告という私的な予測計算が持ち込まれたため，将来キャッシュ・フローの割引現在価値が取得原価と同等の客観性や信頼性があることを納得させるために思いついた呼び方だったのではなかろうか。「フェアー価値」とは，極めて考え抜かれた名称といえよう。なぜなら公正な価格で評価することに，誰も反対することはできないからである。もし反対すれば，不公正な評価方法を認めたことになる。しかし，誰が不確実な将来の予測価格を公正な価値であると認めたのであろうか。

この不確実な将来の予測計算に客観性を担保し，予測計算としての公正価値会計に信頼性を与えるために用意されたのが受託責任であった。この受託責任という概念は，すでに第6章で明らかにしたように，単に現在までの状態に責任を持つというだけではなく，将来の事象に対してまでも責任を持つという意思表示なのである。

10 　高寺［2008］237頁。

しかし，個々の企業が将来に起きる事象に対してどこまで責任を持つことができるというのであろうか。少し意味合いが異なるかも知れないが，東日本大震災における福島の原発事故によるメルトダウンに関してどれだけの国家予算，したがって国民の負担が投入されたかをみれば，東京電力1社で責任の負えるレベルの話ではない。内閣府の総計によれば，その被害総額を16兆9千億円と推計している。また，原子力安全保障委員会がいくら安全宣言を出したところで，それが如何に無意味なことであるのかも，明らかな通りである。それにもかかわらず，のど元過ぎれば熱さ忘れるではないが，またぞろ平気で再稼働の安全宣言を出している。前章で取り上げた三村剛昴の悲痛な訴えが想い起こされる。

金融資本主義といわれる経済構造において，それに適応する会計上の測定基準は，何が好ましいのか。相対的に矛盾が少ない基準が何であるのか。この点に関して，われわれは，公正価値による評価を改めて問い直さなければならないところである。

4. 金融資本主義からポスト金融資本主義へ

2008年9月のリーマンショッ以降，金融資本主義の矛盾が拡大し，市場絶対主義，あるいは利潤の極大化を至上目的とする資本主義を否定し，新しい市民社会を志向するポスト金融資本主義の旗頭として公益資本主義とか市民主義と呼ばれる経済体制が登場してくる[11]。こうした状況下で，われわれ会計学の研究に従事する者は，これまでの一部の株主とりわけ投機家の目的適合性を充足するためのアングロサクソン型の有用性を念頭に置いた会計基準の設定に追従するだけで良いのであろうか。今まさに，真に社会に還元できる社会科学とし

---

11 このような考えは，原[2017]や岩井[2014]等によって主張されている。

ての会計学の真価が問われているときなのである。このままの状況が続けば，800年という悠久の時を刻んできた会計がやがて終焉を迎えることになるかも知れない。まさしく「会計が危ない」のである。

　2001年12月のエンロンの不正会計処理や翌年7月のワールドコムの経営破綻を皮切りに，2007年後半から明らかになってきたサブプライムの金融危機とそれに続く2008年9月のリーマンブラザーズの不正会計処理に伴ういわゆるリーマンショックによって，アメリカのみならず全世界に金融危機が蔓延していったのは繰り返し述べてきた通りである。もちろん，1990年代から始まる日本での失われた20年も中央銀行の低金利政策や金融緩和政策による「金余り現象」が一次的に投機ブームを増幅させたものの，かえってそれが金融危機の深刻さを認識させるのを遅らせる一因になり，危機の深刻化を長期化させた主要な要因になったとする見方もある[12]。

　この長引く危機も2009年頃からアジアとりわけ中国の堅調に後押しされ，徐々に回復の兆しを見せ，2010年頃には株価もかなりの水準にまで戻してきている。こうした世界経済の回復基調に合わせて，株式市場にも活発さが戻り，株価の値上がりに牽引され，各企業は，徐々に企業価値を増大させていく。しかし，その恩恵に浴しているごく限られた資本家と一部の大手輸出関連企業の正社員を除くと，ほとんどの中小企業の給与所得者の実質所得は，減少ないしは伸び悩んでいるのが実情である。加えて，昨今では米中貿易摩擦やブレグジットの行き着く先，あるいはEU内での足並みの乱れから，全世界的な景気の後退が懸念されている。為替差益によって業績を伸ばしたのはごく一部の輸出関連企業やIT関連産業に過ぎず，とりわけほとんどの中小企業に関しては，見せかけの好景気としかいいようのない状況を生み出している。

　金融資本主義がアングロサクソン諸国を中心に支配的なってきた要因の一つ

12　ボワイエ著，山田他監訳［2011］66頁。

として，ボワイエは，製造業における労使間の賃金の妥協による大量生産と大量消費の暗黙の了解を前提にした産業資本主義の典型であるフォーディズム[13]の論理との完全な乖離をあげている。金融化された経済体制にあっては，これまでの賃労働関係に代わって，貨幣金融体制が階層的な上位に立ち，「この貨幣金融レジームの優位性は，上場大企業の経営者と，とりわけ投資銀行といった金融機関との間の事実上の同盟に由来することが明らかになっている[14]」という。

　また，少子高齢化が急速に進行するなかで，世代間による扶養の矛盾が増大し，わが国の現行の年金制度が賦課方式（現役の人の払込金を退職者が受給）から積立方式（現役時代の払込金を積み立て退職後に受給）へと移行し，退職金の日本型401Kの導入等によって，株式市場の流動性は，ますます高められ，それに伴い資金運用のリスクも増大することになる。こうした状況下では，経済政策や会計制度も金融経済の要求する形で変容していかざるを得なくなる。産業資本を代表するフォーディズムのもとでの支配的な論理は，付加価値の創造にあったが，金融資本主義のもとでは，「生産過程を起動させるのは，株式相場によって測られる将来的富についての期待［予想］である。それゆえ，金融に対する期待と信認は，こうしたレジームの可能性にとっての決定的要因[15]」にならざるを得なくなるのである。

　実は，これが最大のリスクになる。なぜなら，投機家の企業に対する要求は，株価の値上がり益，すなわち企業価値の増大の1点に集約される。企業価値の測定にとっての問題点は，将来のキャッシュ・イン・フローに対する企業への過度あるいは無知の期待と信認にある。根拠のない期待が膨らみすぎると

13　ヘンリー・フォードが自社の工場で行った科学的管理法を応用した生産手法を指す用語である。
14　ボワイエ著，山田他監訳［2011］220頁。
15　ボワイエ著，山田他監訳［2011］223頁。

バブルの再来を引き起こし，根拠のない信認を資金運用者に負荷してしまうことになる。その末路は明らかで，投資額は，まるで泡沫のごとく消え去ってしまう。最終的な信頼は，たとえ受託責任といった言葉を用いようとも，将来キャッシュ・フロー計算のような期待や予測が入り混じった数値によっては，決して何も担保されることはないのである。

　2008年の金融がカジノ化してしまった結果として生じたエンロン危機に代表される金融の有害性を克服するためには，スミス(1723-1990)的な見えざる手やフリードマン(1912-2006)に委ねるのではなく，ケインズ(1883-1946)に回帰することも必要なのかも知れない。しかし，行き過ぎた介入によってリスクの実態を隠してしまい，折角のハイエク(1899-1992)的な金融の側面からの革新を無意味にしてしまう恐れも同時に視野に入れておかなければならない[16]。会計は，バランスである。既成と緩和のバランスの取れた会計基準の設定こそが必要になってくる。

5. ポスト金融資本主義下の会計学

　2001年12月のエンロンの不正会計処理や翌年7月のワールドコムの経営破綻に端を発し，2008年以降のサブプライムによる金融崩壊を回避するために，アメリカは，公的介入に踏み切る。これに対応して，アメリカ財務会計基準審議会(FASB)も新たな金融商品に対応できる新たな財務会計基準書(SFAS)を相次いで公表し，EU諸国もこれに対応して国際会計基準審議会(IASB)のもとで国際財務報告基準(IFRS)を世に問うことになる。わが国もこれらの影響を強く受けて，企業会計基準委員会(ASBJ)は，わが国独自の財務会計の概念フレームワークの設置に向けて，両者との調整に腐心しながら，2004年7月に最

16　ボワイエ著，山田他監訳[2011] 233頁。

初の討議資料を公開した。

　現代会計の役割は，情報提供にある。しかし，情報の非対称性が極度に大きくなっていくと，資産負債の測定額が硬直化し，市場に厚みがなくなり，情報が一元化してしまう。その結果，会計情報の有用性が失われてしまうのではないかという懸念が生じてくる。すでに第5章で述べたところであるが，会計にもとづく財務報告書が投資家の意思決定に与える貢献度は，1993年にはそれでもまだわずかではあるが10％程度を残していたが，2013年にはさらに低下し，当時の半分の5％程度にまで落ち込んでいる。それに対して，会計以外のアメリカ証券取引委員会（SEC）の提出書類との価値関連性は，27％近くに及んでいるとの実証結果が報告されている[17]。

　このような状況下ではあるが，投機家にとって最大の関心事である暖簾（ブランド）の評価に関しては，好むと好まざるに関わらず，そこには推測が入り込む。その評価には公正価値による測定がなされるため，予測によって10人10様の結果が提示される。その結果，提供される財務情報の有用性に疑念が入り込むことになる。

　しかしながら，こうした疑念は，公正価値会計に限定されるものではない。伝統的な取得原価会計においても，貸倒引当金，減価償却，棚卸評価損，製品保証引当金等々の計上に見られるように，公正価値と同様に多くの予測や見積もりが混入されてくる。その結果，見積額の設定如何によっては，利益額にも大きな差が生じてくる。ただ重要な点は，取得原価主義会計におけるこれらの見積額は，過去の経験的な数値から割り出された金額であるのに対して，公正価値会計によって計算された将来のキャッシュ・フローの割引現在価値は，たとえ厳密な計算式を駆使したものであったとしても，まったく新しい状況下を類推して算出される単なる予測の金額である。同じく予測の数値ではあるが，

17　レブ，グー共著，伊藤監訳［2018］70-71頁。

両者の間には決定的な違いがある。その結果，そこで計算された金額に対する信頼性にも，自ずと大きな違いが生じてくる。

　産業資本主義に代わって登場した金融資本主義経済体制のもとで，様々な矛盾が噴出してきた。富の一極集中は，大きな所得格差を生み出すとともに飢餓や地域紛争の原因となり，世界の各地で多発するテロの原因にもなっている。このような状況下で，会計学は，如何なる役割を果たすことができるのであろうか。こうした状況のときにこそ，必要になるのが原点回帰である。何よりも最初に意識しなければならないのは，会計の利益計算構造を支える複式簿記は，信頼性を得るために完成したという歴史的事実である。信頼こそが会計の原点なのである。このことを今一度胸に焼き付けてもらいたい。

　もちろん，複式簿記の誕生当初では，まだ株式会社は存在していないが，組合員相互間で財務情報を共有するために正確な取引記録を作成し，それにもとづいて利益を計算して分配を行った。そこでの複式簿記の役割は，財務情報を提供すること自体にあるのではなく，あくまでも会計の本質的な役割である利益分配のための正確で信頼できる損益計算にある。その結果を組合員相互間で共有し，互いに納得の上で利益の分配に与ったのである。しかも，そこで提供される財務情報は，それを利用する者にとって有用か否かではなく，あくまでもその計算結果が信頼できる客観的な情報であるか否かにあった。

　誕生当初の会計の目的は，決して有用な情報を提供するのではなく，信頼できる情報を提供することである。これが会計の原点である。情報は，有用だから信頼できるのではなく，信頼できるから有用になるのである。この信頼性に加えて更に重要なのは，分配の問題である。労使間で誰もが納得できる合理的な基準にもとづく適正な分配が担保されていることである。一般の従業員の年収が500万円程度であるのに，経営のトップが20億円もとるというのは，どう考えても不合理といわざるを得ない。

　論点が少し脇道にそれたので元に戻すことにする。ポスト金融資本主義を志

向する会計のもとでは，会計の第1義的な役割が情報提供だとしても，そこで提供する情報の質をしっかりと考えていかなければならない。たとえそれが大株主からの要求であり彼らに有用な情報であったとしても，ある意味で公的な性質を持つ財務会計が取らなければならない立ち位置は，事実にもとづく客観的で透明性に担保された信頼できる財務情報の提供であって，決して予測にもとづく期待される不確実で不透明な財務情報であってはならないのである。近年，このしごく当然の摂理が有用性という名のもとに崩れ去ってきている。投機家が要求するある瞬間の企業価値情報は，決して会計が志向する財務情報と同質性を有しているわけではない。会計の根幹は，事実にもとづく信頼できる財務情報の提供である。決してバラ色に彩られた期待される予測情報ではないことを肝に銘じる必要がある。有用であればそれでいいといった風潮を払拭することもまた重要である。

　近年，一部に見られる会計学の終末論は，財務情報が意思決定に果たす役割の低下と財務情報と投資との価値関連性への低下といった実証研究の観点からも論ぜられている。しかし，会計情報は，あくまでも意思決定に有用な情報の一部に過ぎないことを認識しなければならない。意思決定に有用な情報は，政権交代や地域紛争といった政治情報や天候や水害や地震といった自然情報，あるいは新薬や新技術の発明やトップの交代といった経済情報等々，会計とは直接かかわりのない所で決定されることが多いのである。経営と会計は，分けて考える必要がある。また，資本市場にはつきものであるが，経営者とアナリストや利用者の間にある情報の根本的な格差や非対称性は，決して解消されることはないともいわれている。なぜなら，どのように洗練された投機家やアナリストといえども，決して経営者ほど企業内部のさまざまな企業秘密に関わる内部情報を手に入れることはできないからである[18]。

　18　レブ，グー共著，伊藤監訳[2018]5頁。

こうした状況下で，果たして会計は，どのようにして社会に対する役割を果たしていくことができるのであろうか。何よりも重要なのは，与信者がどのような情報を提供すればその利用者に納得を与えることができるのかにあるのではない。会計における真の意味での有用性は，単純に受信者に有用な財務情報を提供するということではなく，あくまでも日々の取引事実にもとづく正確で客観的な検証可能性と透明性が担保された信頼できる情報を提供できるか否かにかっている。たとえ，情報の利用者が期待する結果でなくても，また結果的には彼らの要求する有用な情報でなくても，事実にもとづく正確で誰からも信頼できる財務情報を提供することが会計の役割なのである。それ故にこそ会計は，800年という途方もない歳月にわたり，企業を支え，経済を支え続けることができたのである。決して目先の有用性に惑わされてはならない。もちろん，この有用性も特定の投機家や投資ファンドにとっての有用性ではなく，多くの一般の株主や人々や社会に対しての有用性であれば，話は別である。

6. お わ り に

13世紀世紀初頭から14世紀にかけて，当時のヨーロッパ世界では，ローマ教会の腐敗が進み，商業や都市の発展によって貨幣経済が浸透し，皇帝や封建領主や貴族による封建的主従関係が崩壊していく。こうした状況下で，会計学の利益計算構造を支える複式簿記は，債権債務の備忘録として誕生し，百数十年の時を経て，企業の総括損益を計算する技法として完成を見ることになる。経済学の父といわれるアダム・スミスの『国富論』(1776)に先立つこと遥か500年以上も前のことである。

中世封建社会におけるキリスト教の教義を所与の真理としてきた当時の社会では，例えば地動説の登場といったこれまでの経験則では説明のつかない多くの事象を相次いで生みだし，この現象を説明するために様々な科学的な説明が

試みられる。中世封建社会の崩壊であり，神からの解放，近代科学の誕生である。こうしたルネサンス前夜に誕生するのが複式簿記である。人間の決して飽和しない欲望を貨幣によって突き動かしているのが資本主義であり[19]，人間の際限のない欲望の究極の姿を表わすのが貨幣であり，利益なのである。そして，この動きを原因と結果の二つの側面から捉え，その欲望の結果としての利益を表示する技法が複式簿記なのである。

　この際限なき欲望に囚まれた資本主義の精神に歯止めをかけるのもまた会計学の役割であり，会計学者の責務である。この責務を果たすのは，各人の倫理感なのかも知れない。たしかに，倫理の問題は，資本主義社会においては，極めて重要な問題である。なぜなら，資本主義の精神は，プロテスタンティズムに支えられた勤勉，節約，禁欲，科学的合理主義に支えられて生成してきたからである。何よりも重要なのは，利潤の追求を肯定しているところにある。なぜなら，多くの利益は，際限なき欲望という諸刃の剣も持ち合わせるが，貧困に喘ぐ多くの人を救うこともまたできるからである。近江商人の「世間よし」の精神を生かすことこそが大切なのである。

　しかし，何を勘違いしたのか，自分のためあるいは血族のためと銘打った自己の欲望を手に入れるための利益追求が大手を振って歩き出す。社会への還元といった言葉は，どこか遠くの世界に置き忘れてしまったのであろうか。経営者と従業員との間の利益分配の極度の偏重や粉飾といった会計上の不正行為は，その典型的な事例である。当事者たちは，当然のことながらこうした不正行為が許されることではないのは十二分に理解しているはずである。良くないと知りながら不正な行為を繰り返す人に，それが不正な行為であると指摘したとしても，何の意味も持たない。悪いことが分かっているからである。それでも手を染めてしまう。誰もがしてはならないことを十分に理解している人たち

19　岩井［2014］57頁。

に対して，こうした不正な行為，虚偽や粉飾行為が良くない，改めなければならないといくら声高にいったとしても，何の意味も持たない。

　深刻な問題は，あってはならない行き過ぎた行為を法律や制度や基準で正当な行為と認可してしまうことにある。社会をあらぬ方向に導く制度や基準を認可する法律の規定や社会の風潮を許容し，人心を荒廃させてしまうところにある。法律によって保護されてしまうと，当人たちは，悪いことしているという一切の自覚なしに開き直って，不正行為に手を貸し，私腹を肥やしていく。ほとんど社会に還元することもなく。

　社会科学にとって重要なことは，そんな不毛な制度や基準の設定を許さない，そんな利己的な行為を断ち切るシステムを法律や基準によって制度化することである。それが真の民主主義である。一部の人にとっての有用な会計制度や会計基準ではなく，多くの人を幸せにできる適正な基準や制度を整備していくのが会計学者の責務なのではなかろうか。その前提になるのが，事実にもとづく誰にでも検証可能な信頼できる財務情報の提供であり，そのような状況を支える会計制度や会計基準を設定することにある。会計にとって重要なのは，信頼性である。信頼できる情報であるからこそ有用になり，信頼できるからこそ，そうした情報にもとづいて制度化される商法や会社法や会計基準が多くの人にとって有益になるのである。そして，多くの人や社会を根底から支える会計に関わる様々な法律や基準を作成するのが会計学者の責務なのである。今一度，会計に信頼を取り戻すことを急がなければならない。会計が，世界が，そして心が壊れてしまう前に。

第9章　これまでの会計，これからの会計

1. は じ め に

　AIの著しい進化は，ITの発展と相まって，ロボット関連はもとより宇宙開発や医学あるいは機械工学分野はいうに及ばず碁や将棋の世界に至るまで，われわれの生活のありとあらゆる分野で想像を絶する進化を遂げている。自動車産業界では人に頼らない自動運転や空飛ぶ自動車がすでに現実化している。好むと好まざるに関せず，21世紀は，まさにAIの時代である。また，遺伝子工学の分野では遺伝子の人工的な組み換えによってクローン人間の誕生も理論的には可能になり，IPS細胞による臓器の再生といったある意味では永遠の命をも手に入れかねない。

　2018年11月27日に，中国の南方科技大学の福教授が世界初の遺伝子操作によって受精卵をゲノム編集した双子の女児の誕生を発表し，倫理上の問題が大きく投げかけられた。中国科学省は，ただちに「直接的な人体実験であり，狂っているとしか言いようがない」と批判する共同声明を発表している[1]。科学への信頼を失墜させかねない，あってはならない行為である。科学がいわば

1　日本経済新聞，2018年11月28日朝刊42面。

神の領域にまで踏み込み，本来の人の在り方に大きな影を落とすことになってしまった。科学や技術の進歩がわれわれの生活や生き方に投げかける光と影，その影響と真の意味を立ち止まって今一度しっかりと考える時が来ているのかも知れない。

こうした状況下で，2045年に到来すると一部にいわれるシンギュラリティ（技術的特異点）が現実的になるか否かは別にしても[2]，AI技術の進歩がこれからの会計領域，とりわけ会計基準との整合性をチェックする監査業務，あるいは日々の取引の記帳や税務申告に関する会計業務にも決定的な影響を与えるであろうことは，容易に想像できる。800年に渡って培ってきた会計の存在意義にも新たな問いかけが投げかけられている。

AIが人智のすべてを超えることはないといわれるが，AI技術がわれわれ人間の計算的な処理能力をはるかに上回ることだけは，まぎれもない事実である。いつでもどこでも瞬時にして利益を求めることができるだけではなく，ディープラーニングによって，あらゆる状況にも対応できる最善の意思決定を可能させることが生じてくるのかも知れない。もしそれが額面通りであれば，経営者にとってこれ程強い味方はない。しかし，合理性や効率性の追求を第一とするAIの進化が，果たして，われわれの生活を真に豊かにしてくれるか否かについての答えは，まだ分からない。諸刃の剣となって，われわれに襲いかかることもないわけではない。

本書の最終章になるここでは，AIないしはAI技術が高度に進化した近未来の社会における会計のあり方と存在意義，ならびに簿記・会計の役割について，800年に渡って築いてきた両者の歴史を振り返りながら，考えていくことにする。

---

[2] AI技術は，驚くほどの速度と精巧さで進化しているが，数理論理学者の新井は，AIそのものが人間の能力を超えることはない，すなわちシンギュラリテイは到来しないと断言している（新井紀子[2018] 18頁）。

2. 伝統的な会計の役割

　会計の歴史を振り返って明らかになったことは，会計の利益計算構造を支える簿記は，複式簿記として誕生し，その誕生当初の役割が文書証拠にあったということである。13世紀初頭のイタリアは，度重なる十字軍の遠征（1095-1270）によって，ヨーロッパの北方各地から多くの人や物やお金や情報が集積され，通貨の換算や金銭の貸借，あるいは物の調達や交換のために市場(いち)が立ち，盛大な取引が行われた。貨幣経済の浸透である。それに伴い，金融業（両替商）を始め様々な商店や組合企業が誕生し，活発な商取引が展開されるに至った。それまでの物々交換や現金取引に代わって，信用取引が登場すると，後の決済に備えて正確な記録が要求される。この記録の必要性が複式簿記を誕生させることになったのは，繰り返し述べてきた通りである。

　こうして，複式簿記は，債権債務の備忘録として歴史の舞台に登場することになる。ルネサンス前夜のことである。ペストの流行による農奴制の崩壊や価格革命による封建領主の没落，何よりもオスマントルコによるコンスタンティノープルの陥落（1453）によって東ローマ帝国（ビザンツ帝国：395-1453）が滅亡し，ルネサンス，宗教改革，大航海時代へと近世社会への扉が大きく開かれていく。中世封建社会が終末を告げる時代である。

　なかでも，会計に決定的な影響を与えたのが貨幣経済の浸透である。金銭の貸借には，シェークスピアの「ベニスの商人」に見られるように，しばしばトラブルが付きまとう。こうしたトラブルが発生したとき，公正証書に代わって文書証拠としての役割を果たしたのが複式簿記による日々の正確な取引を記録した帳簿であった。換言すれば，複式簿記には公正証書と同様の証拠性が与えられ，複式簿記による記録の根幹が信頼性にあることを物語っている。結果として表示されている債権や債務の金額に，なぜこれだけの金額なのかを原因の

側面から説明しているのがフローである。そして，このストックとして表示された利益の正しさをフローの側面から検証するプロセスを示しているのが複式簿記である。そこでは，記録の信頼性が何にもまして重視され，取引記録の改ざんなどあってはならない話である。

こうして13世紀初頭に文書証拠として登場した複式簿記は，百数十年の時を経て，証拠書類としての役割に，組合員相互間での利益分配の必要性から，それまで潜在化していた損益計算機能を表舞台に登場させることになる。すでに第1章で述べたが，当時のフィレンツェでは，同時代のヴェネツィアとは異なり，血縁による構成を認めない期間組合が結成され，組合員相互間での利益分配の必要性から，実地棚卸によってビランチオ（一種の利益処分結合財産目録）を作成して利益を確定した。この実地棚卸で求めたビランチオの利益の信頼性を担保するために，継続的な取引記録，すなわち複式簿記上の集合損益勘定の利益によって検証が行われた。ストックで求めた利益をフローで求めた利益で検証したのである。両者が一致したときをもって，われわれは，複式簿記の完成と見なしている。信頼性を担保するために考案された技法が複式簿記の原点である。この信頼性の担保こそが，近年の有用性至上主義によって片隅に追いやられた感を拭いきれない会計の本来的な姿なのである。

フロー計算にもとづく総括的な期間損益の計算を支えているのが発生主義である。この発生主義にもとづく費用の計上は，すでに最古の勘定記録や当時の多くの期間組合の取引記録の中に見出せるところであり[3]，今でもまだいくつかの専門書で散見されるが決して産業革命の産物ではない。加えていえば，貸付金に対して貸倒損失を計上する実務，すなわち債権の評価替えもすでに1211年の最古の勘定記録の中に見出せる。複式簿記は，資産評価に際して，その誕生当初から混合測定会計として機能していたのである[4]。

---

3 渡邉［2016］42頁。
4 渡邉［2016］第3章。

その後16世紀半ばから17世紀を迎え，世界の覇権の推移に伴い，損益計算技法としての複式簿記は，定期的な期間損益計算（年次決算），特殊仕訳帳（日記帳）制，元帳勘定の部分的統括，資産の時価評価，あるいは精算表といった今日の一般的な会計処理法を次々と生み出し，実務のなかに定着させていきながら，近代化へと大きく踏み出していく。この新しいシステムを不断に生み出していくエネルギーは，何時の時代にも共通する商人たちの現状を改善しようと願う合理的な精神のエトスに起因した行為である。複式簿記の進化の要因は，際限なく膨張していく取引業務の拡大に対して，商人たちの合理的な思考にもとづく記帳労務の省力化，簡略化への要求にあったといえる。

こうして根を張った新しい複式簿記は，18世紀末に巻き起こる鉄と石炭，すなわち機械化と技術力とそれを支える蒸気機関の発明による新たなエネルギー革命を基盤にした産業革命の遂行過程で，新たな原価計算システムを誕生させると同時に，イギリスにおいても管理会計の萌芽的な形態を生み出していく。こうした考えや手法がアメリカに接ぎ木され，一方では標準原価計算や予算管理システムを，他方ではテーラー・システムや事業部制あるいは連結会計といった新しい会計領域を次々と生み出していく。それに伴い，複式簿記や会計の役割も，正確な取引記録にもとづく損益計算技法から，漸次新しい会計システムの構築や財務諸表の作成による情報提供機能へと変容していくことになる。巨大な株式会社の出現は，巨額の資本を一般の株主から調達するために，投資の安全性と有利性を主張する手法として財務諸表を誕生させると同時に，会社法といった法律の整備によって，会計における情報提供機能の役割を大きく開花させていく。

巨額の固定資産を抱える株式会社は，これまでの単なる時価による評価損の計上ではなく，厳密な期間原価を計算するために，減価償却という新たな費用配分のための方法を登場させる。これによって，正確な製造原価が計算され，発生主義にもとづく総費用と総収益の対応による厳密な損益計算を可能にさせ

ていく。

　しかしながら，さらに重要なことは，蒸気機関車や溶鉱炉や機械や織機といった巨額の固定資産は，絶えず使用による摩耗と技術革新による陳腐化の問題を抱えている。そのため，時価による評価替えで減損部分を直接法で損失として計上するだけでは対応できなくなり，当該固定資産の再調達のために必要な資金の社外流出を抑えて内部留保すると同時に，再調達のための具体的な資金を費用控除するだけではなく現金として積み立てておくことが必要とされた。再調達のための資金確保は，まさしく巨額の固定資産を抱える産業資本主義社会にとって避けて通ることのできない課題なのである。

　信用取引の誕生すなわち複式簿記の生成と共に登場する発生主義会計にもとづく損益計算の最大の課題は，財務諸表に示された当期純利益と実際の手元現金の間に横たわる差異にある。とりわけ，日々の資金繰りに頭を痛める中小企業にとっては，財務諸表上では利益が出ているのに，新規の設備投資を計画したとき，現実にはその投資のための資金が手元にない。あるいは，賃金を支払ったり，借入金を返済しようと思っても現金がない。こうした事態は，極めて深刻である。発生主義会計は，一方では厳密な損益計算や原価計算にとってなくてはならない認識基準であったが，他方，資金計算の側面からは大きな矛盾を孕んだ諸刃の剣ともいえる手法でもある。

　なぜなら，発生主義によって求められた当期純利益と実際の手持ち現金との間には，時として大きな落差が生じ，財務諸表上では利益が表示されているにもかかわらず，実際の支払に必要な現金が手元にない。売上によって収益を計上する時期とそれによる債権を実際に現金で回収できる時期にズレが生じるからである。財務諸表上では利益があっても，現金が手元にあるとは限らない。黒字倒産を引き起こす要因でもある。この矛盾を解明するために比較貸借対照表が作成されたのが19世紀半ばのイギリスであり，これがアメリカに接木され，やがて運転資本計算書から財政状態変動表に次いで現金収支計算書へとそ

の姿を変えながら，キャッシュ・フロー計算書へと進化し[5]，今日では基本財務諸表の一つに加えられているのは，周知の通りである。

3. 提供する情報の中身

　19世紀迎え，産業革命期に登場する巨大な株式会社は，資金調達のために財務諸表を誕生させ，損益計算を第一義的な役割としていた会計を情報提供機能へと変容させていく[6]。ただ，産業資本中心の社会で求められた利益もこれまでと同様，フローの側面から求められる利益，すなわち製品の製造原価と売上収益との差額として求めた実現利益であった。厳密な製造原価を計算するためには，発生主義にもとづく期間費用の算出が重要になる。この期間に発生した総費用と期間に実現した総収益の対応計算こそが産業資本主義経済の下での損益計算にとって最も重要な課題であった。発生主義を基盤にした収益費用の対応計算，換言するとフローの側面からの期間損益計算が重視されていたのは明らかである。損益計算書中心の会計観である。この動態論の提唱者シュマーレンバッハ（1873-1955）が最初の論文「工業経営における簿記と原価計算」を発表したのが1899年のことである。

　会計の主要な役割が情報提供であるとして，そこで提供される最も重要な情報が利益情報であるのはいうまでもない。しかし，問題は，その利益の中身である。複式簿記は，13世紀の誕生から21世紀の直前まで，発生主義にもとづく実現利益としての当期純利益を会計上の利益として利害関係者に提供してきた。収益認識の主たる要因は，実現にあった。獲得した利益が絵に書いた期待利益ではなく，実際に手にすることのできる実現利益をもって会計上の利益として認知してきた。しかし，21世紀を迎えると，国際会計基準への対応に迫ら

　5　渡邉［2017］155頁。
　6　この間の状況については，渡邉［2017］第4章を参照。

れ，金融資産や固定資産等の公正価値による評価替えの実務が制度化され，従来の実現利益ではなく未実現損益も含めた包括利益を会計上の利益として株主等に情報提供する実務が国際基準として広く支持されるに至る。

　周知のように，わが国の企業会計基準委員会（ASBJ）は，2009年9月に収益に関する論点の整理を公表し，以後収益認識に関する包括的な会計基準の設定に向けて着手する。2017年7月には「企業会計基準公開草案第61号」において収益認識に関する会計基準およびその適用指針が公表された。この基準や指針は，2017年12月からすでに国際会計基準審議会（IASB）とアメリカの財務会計基準審議会（FASB）において適用されているのを受け，2021年4月からの強制適用に向けて2018年3月に5つのステップからなる「収益認識に関する会計基準」を公表し，収益認識の最終的な基準化に取り掛かった。

　その根拠は，これまでの基準には，収益認識の包括的な基準が存在せず，わずかに会計原則において実現主義の考え方が提示されているに過ぎない。そのため，より明確で具体的な収益認識の基準が必要であるからだとしている。その結果，従来の実現概念が曖昧であるとの理由づけによって基準から削除する方向で調整された。うがった見方をすれば，包括利益を会計上の利益と見なす公正価値会計のもとでは，実現概念は，大きな足かせになる。そのため，実現概念を会計基準からはずそうという思惑が見えてくるといえばいい過ぎであろうか。しかし，絵に描いた餅で果たして空腹は，満たされるのであろうか。

　今日の金融資本主義といわれる経済体制のもとでは，厳密な原価計算など必要なく，したがって会計が長きにわたって培ってきた発生主義という認識基準は，ほとんど意味を有しなくなってきた。もちろん継続記録なども必要なく，AIの出現によるITの著しい進歩は，これまでの発生主義にもとづく日々の取引の継続記録を瞬時に完了させるだけではなく，ストックによる資産の現在価値評価による純資産の算出も同時に可能にさせる。また，現金収支をベースにしたキャッシュ・フロー計算書の作成もまた瞬時に可能させ，発生主義に代わ

る新しい認識基準への転換ともいえる状況を生み出している。ASBJの収益認識に関する今日の流れは，まさしくこうした状況に適合する会計基準への転換を意味しているといえよう。

では，われわれは，これからの会計の役割をどこに求めれば良いのであろうか。会計の基本的な役割が利害関係者への情報提供機能にあるのには，今も昔も変わりはない。恐らくこれからも変わらないであろう。問題は，情報の利用者が求める情報そのものが何であるのか，どこにあるのかによって，会計のあり方が変わってくる。いうまでもなく，その情報が利益情報であるのには変わりはないが，その利益が伝統的な発生主義会計によって求められる実現利益としての当期純利益なのか，それとも公正価値評価によって求められる現時点の企業価値を示す包括利益なのか，あるいはそれ以外の新たな利益なのかにかかっている。いずれにせよ，その利益は，AIが瞬時に計算してくれる。では，会計の役割は，どこに求められるのであろうか。会計は，何処に向って歩いていくのであろうか。

4. AI技術が進化した状況下での会計の役割

今日の金融資本主義経済のもとにおける利益計算にとって重要になるのは，企業が有する純資産価値にある。この純資産価値計算には，期間の限定も発生主義による拘束も不用である。ある瞬間の純資産価値の計算にとっては，フロー計算ではなくストックの側面からの計算こそが重要であり，期間対応を前提にした発生主義会計は，企業価値計算にとってはむしろ足かせにすらなってくる。今般のASBJの収益認識に関する新たな基準設定は，まさしくこの事実を明瞭に物語っている。

とりわけ，21世紀を迎えたAI技術の著しい進化は，今世紀の半ばには，人間の叡智を超えるシンギュラリティ（技術的特異点）に至るのではとの予測も一

部に生じさせている。こうした状況下では，AIによる継続記録にもとづく損益計算や企業価値あるいは将来キャッシュ・フロー計算にとって計算上の障害になるものは，何もない。その結果，今日の公認会計士が関わる監査業務や税理士が関わる記帳や税務申告業務，あるいは経理担当者が担当する日常の取引記録業務は，AIによってその代行が可能になり，職業としての会計士や税理士や企業の経理担当者の多くの仕事は，AIに取って代わられることが予測される。だからといって，19世紀初めのイングランド中北部の織物工業地帯に起こったラッダイト運動ではないが，いまさらAIを取り壊すというわけにもいかない。では，職業会計人や財務担当者は，どこに生き残る道が残されているのであろうか。

　ただ一ついえることは，日々の取引記録や誤謬のチェック，あるいは不正の発見にわれわれ人間がAIに勝つことはできないといい切っても過言ではない。合理性や正確性や迅速性，あるいは効率性を求める世界では，われわれ人間の個々の叡智ではAIに立ち向かうことはできなくなるであろう。しかし，AIの発展によって，会計そのものの存在意義がなくなるという話ではない。人の営みが生み出す経済事象を認識するとき，どれとどれを会計上の取引と見なすのかという判断，その判断にもとづいて利益を求めるとき，どの測定基準が最も適合したが物差しになるのか，そうして算定した利益を開示するとき，どのタイミングでどのような方法で利害関係者にディスクローズするのか，といった判断する行為自体が消滅するというのではない。そこには，どうしても人間の叡智が必要になってくる。なぜなら，合理的な判断がいつもわれわれに幸せを持たらすとは限らないからである。時には，不合理な決断も必要になる。それ故にこそ，AIではなくわれわれ自身がわれわれの生活をより快適にするための格差や争いが起きないための会計制度の作成や基準作りに全力投球することが望まれる。

　会計の役割が企業の利益を利害関係者に情報提供することであるとすれば，

そこで提供される利益をどのような利益にするのか，あるいはその利益を導き出すための基準をどのようにするのかという判断が極めて重要になる。利害関係者に開示するための情報は，提供先の要請する内容によって異なってくる。すなわち，会計は，誰のためにあるのか，どのような結果を会計的利益と見なすのか，会計の目的を何処に置くのか等々の単なる計算ではなく，会計の役割や本質をどこに置くのか，誰のための会計を志向するのかに関する論議は，如何に進化したAIであろうとも，所詮機械では無理な話である。いわんや，経済状況が不透明でいわばカオスな状態のときには，機械による判断だけでは，ますます難しくなるものと思われる。

すでに2018年1月25日付けの日本経済新聞朝刊の春秋欄で「最初は驚き，やがて怖くなる。…人間を労役から解放し，情報格差をなくすはずのAIやネットが，人間の自由を縛りつつある…」と迫りくるロボット社会や監視社会に警鐘を打ち鳴らしている。AIがわれわれ人間の生活やその糧を生み出す仕事までも奪い，そればかりかわれわれの人としての心までをも支配してしまう社会への警告でもある。

確かに，AIの発展は，過酷な労働から穏やかな人間らしい生活を取り戻すための期待の星であり，人智が生み出した最高の成果であったはずである。しかし，そのAIが，気がつけば，われわれから多くの仕事を奪い，それだけではなく生活そのものまでをも奪ってしまう状況を生み出しかねない。仕事だけではなく，人間それ自体がAIに取って替わられる世界である。つい半世紀前まではSFで語られていた世界がまさに現実になってこようとしている。まさしくアンドロイドが支配する世界である。

このAIの行動基準は，これまでの歴史の中で人の叡智が培ってきたデータにもとづいてなされるだけに止まらず，新たに進化したディープラーニングのもとで自ら学習し，単なる過去の経験値から答えを導き出すだけではなく，新たに起こる事象をも予測し，それに対応できる的確な答えを学習して導き出す

能力を備えていくという。しかし，如何にディープラーニングによるソフトが組み込まれたとしても，AIが将来起こると予測される事象をすべてに渡り誤りなくいい当てることは困難というよりも不可能に近い。予測は，所詮予測である。すべての事象が必ず未来においても予測通りになるものではない。現状分析にはAIの判断が最適であったとしても，これから起きるであろう未来事象については，AIも人智も，現実は思い通りにはいかないという点で同じリスクを抱えている。

とはいえ，AIの登場は，瞬時に資産・負債の公正価値評価を可能にし，必要な時にいつでも企業価値の計算を実現させ，同時に継続的な記録もデータを投入するだけですぐさまフローの側面からの損益計算を可能にさせるだけではなく，ストックの側面からの純資産計算も可能にさせる。すべての取引記録は，端末の中で無制限ともいえる容量を記憶させておくことができるため，もはや帳簿といった記録媒体も不要になり，会計業務に関するさまざまな仕事，例えば税理士や公認会計士の日常業務や財務分析，あるいはフィナンシャル・プランナーの計画立案といった業務は，すべてAIによる代行が可能になる。むしろAIの方が正確でかつ迅速に行うことができるといえよう。

しかし，たとえ如何にAIが進化しようとも，会計の役割そのものが不要になるというわけではない。AIは，あくまでもコンピュータであり，オンかオフ，1か2の世界である。決して，あれもこれもの世界ではなく，基本的には入力されたデータ・ベースにもとづいて計算していくに過ぎないのである。ただし，認識基準の変更や測定属性の転換次第によっては，そこで求められる損益の中身自体が変質し，伝統的な会計の役割にも大きな転換が余儀なくさせられるかも知れない。その結果，情報提供機能そのものに変わりはないが，提供する内容や提供する対象の相異，したがって対象が要求する内容の違いによって会計の本質そのものにも変化がもたらされてくる。そうした状況下での会計学者の役割は，利益の極大化に寄与する制度や基準設定に与するのではなく，

適正な利益とは何かを提示し，獲得した利益の適正な配分のためのシステムの構築や人に優しい会計基準を設定することにある。ここにこそAIにはできない会計の本来の役割があり，同時に人として会計に携わるプロフェッションとしての責務があるのではなかろうか。

5. お わ り に

　2018年2月22日付けの日本経済新聞の英ファイナンシャル・タイムズのビジネス・コラムニストのラナ・フォルーハー氏からの引用によると，ここ5年程の間にAIは，あらゆる分野に入り込み，その結果，AIのメリットを活用できるスキルと教育を受けたごく一部の人だけが恩恵を受け，機械にとって代わられる単純な仕事に従事している人は，その恩恵に浴することはないどころか，仕事そのものをも奪われてしまいかねないという。「AIは結局，世界の労働市場に広がる『勝者総取り』の傾向をさらに推し進める可能性が高そうだ」と警告している。

　会計学にとって重要なのは，単純に利益の極大化を志向するのではなく，適正な利益志向と何よりもその配分の問題にある。どこかの自動車メーカーではないが，如何にV字回復をさせたとはいえ，一般の従業員が年収500万円程度であるのに，経営トップの年収が20億円というのは，どう考えても不合理である。労使協調によってたとえ付加価値を大きくしたとしても，最終的には分配の問題が残る。適正な分配が担保されていなければ，付加価値も所詮ごく一部の勝ち組の人の総取りになってしまう。欧米では，こんな差は，当たり前だという。そんな弁明は，言い訳けにもならない。

　基準設定に携わる会計学者や法学者は，多くの一般の人を幸せに導くような制度や慣習を作り上げる社会的な責任がある。経営者もまた同様である。第4章で述べたように，全世界で貧富の差がますます拡大し，失業や貧困といった

経済的な要因がもとになって，各地で紛争や排斥や差別が拡大し，多くの人が犠牲になっている。こうした矛盾や不条理を増幅させえるような会計システムの設定に加担しないことが会計学者としての最低限の社会的責任である。

　第8章で述べてきたように，会計の財務情報と投資との価値関連性は，わずか5％程度に過ぎないことをレブとグーの実証研究によって紹介した。彼らの結論は，投資意思決定に重大な影響を与えるのは，会計の財務情報ではなくむしろ非会計情報の占める割合の方が多いということであった。だとすれば，会計における利益情報の測定基準を取得原価から公正価値に変更したとしても，投資意思決定にはそれほど大きな影響を与えることはないことになる。だとすれば，投資意思決定にとっても，信頼性のより高い市場価値測定を含む取得原価情報の方が未来の予測計算を含む公正価値情報よりもむしろ有用だといえるのではなかろうか。

　この実証結果がわれわれに教えてくれることは，それがあたかも全面的に有効であるかのように，会計の目的を投資意思決定に有用な財務情報の提供に置くこと自体の問題点である。また，これまでの歴史を通した分析結果から見えてきた結論は，会計の主たる目的が投資意思決定に有用な財務情報を提供することに限定されるのではなく，提供する財務情報が事実にもとづく透明性と検証可能性に担保された信頼できる情報であるということを株主や広く社会一般に伝達することである。AIによって計算に対する信頼は確保できるかも知れない。しかし人の心の信頼までも勝ち取るのは，別の次元の問題である。

　会計の根幹は，決してごく一部の人の投資意思決定に有用な情報を提供することではなく，社会全体に対して信頼できる情報を発信していくことにある。ここにこそ会計のレーゾン・デートルがあり，こうした理念は，人だからこそ視野に入れることができる思考である。AIにこの思考回路を期待するのには，限界がある。ここにこそ，人が人として会計学の研究や会計実務に携わっていく意義が存するのではなかろうか。繰り返しになるが，有用性が特定の投

機家や投資ファンドのためではなく多くの一般の人々や社会にとって有益な有用性であるならば，同じ有用性でもそれが意味するところは，大きく異なってくる。

　人の世は，効率性や合理性の追求だけで成り立っているわけではない。「合理的」であること，「科学的」であることそれ自体が非人間的な抑圧の道具にもなりかねない。かつて屋根裏の哲人は，蜘蛛の巣の張った薄暗い部屋の片隅で「不合理ゆえに吾信ず」と呟いた。この不合理ゆえにという摂理の中に，われわれ人間が生きている世界があるのかも知れない。如何にAIが進化しても，すべての事象が合理的かつ予測通りに展開し，現実になっていくことなどありえないのである。そこにこそ人の営みによる人智が誕生させた会計の果すべき究極の役割があるのではなかろうか。

参　考　文　献

AAA［1957］"Accounting and Reporting Standards for Corporate Financial Statements 1957 Revision", *The Accounting Review,* Vol.32, No.4.
―― ［1966］*A Statement of Basic Accounting Theory,* Illinois, 飯野利夫訳［1969］,『アメリカ会計学会基礎的会計理論』国元書房。
AAA［2007］"The FASC's Conceptual Framework for Financial Reporting, A Critical Analysis", *Accounting Horizons,* Vol.21 No.2, June.
Alvaro, Martinelli［1974］*The Origination and Evolution of Double Entry Bookkeeping to 1440,* Part1 and Part 2, Denton.
Anderson, Adam［1801］*An Historical and Chronological Deduction of the Origin of Commerce from the Earliest Accounts : containing an history of the great commercial interests of the British Empire,* Vol. 1, London.
Barth, Mary［2006］"Including Estimates of the Future in Today's Financial Statements", BIS Working Paper, No.208, August.
Beckman, John［1814］*A History of Inventions, Discoveries,* Vol.1, 2nd ed., London. 特許庁内技術史研究会訳［1999］『西洋事物起源（一）』岩波文庫。
Booth, Benjamin［1789］*A Complete System of Book-keeping, by an improved Mode of Double-Entry,* London.
Boyer, Robert［2005］"From Shareholder Value to CEO Power: The Paradox of the 1990s", *Competition & Change,* Vol.9, No.1, March.
Broadbridge, Seymour［1970］*Studies in Railway Expansion and the Capital Market in England, 1825-1873,* Guildford and London.
Bromwich, Michael［1985］*The Economics of Accounting Standard Setting,* Prentice Hall.
―― ［2007］"Fair Values: Imaginary Prices and Mystical Markets. A Clarificatory Review", Walton, Peter ed., *The Routledge Companion to Fair Value and Financial Reporting,* New York..
Brown, Richard ed.［1905］*A History of Accounting and Accountants,* Edinburgh.
Bryant, Henry Beadman and Henry Dwight Stratton［1861］*Common School Bookkeeping,* New York.
Bryant, H.B. and H.D. Stratton and S.S.Packard［1871］*Bryant and Stratton's*

Common School Bookkeeping, New York.
Bywater, M.F.and B.S.Yamey [1982] *Historic Accounting Literature: a companion guide*, Yushodo.
Carlill, John Albert [1896] *Principles of Book-keeping*, London.
Carter, F. Hayne [1874] *Practical Bookkeeping adapted to Commercial and Judicial Accounting*, Edinburgh and Glasgow.
Chatfield, Michael [1974] *A History of Accounting Thought*, Illinois. 津田正晃, 加藤順介共訳 [1978] 『チャットフィールド会計思想史』文眞堂。
Cole, W. M. [1908] *Accounts: Their Construction and Interpretation*, Boston, New York and Chicago.
Dafforne, Richard [1635] *The Merchants Mirrour*, London.
Defoe, Daniel [1727] *The Compleat English Tradesman*, Vol.I, 2nd ed., (1st ed., 1725), London, Reprinted 1969 in New York.
De la Porte, M [1762] *Einleitung zur doppelten Buchhaltung*, Wien, Prag und Triest.
De Roover, Reymond [1956]"The Development of Accounting Prior to Luca Pacioli According to The Account-books of Medieval Merchants", Littleton, A.C. and B.S. Yamey eds., *Studies in the History of Accounting*, New York.
―――― [1974] *Business, Banking, and Economic Thought*, Chicago & London.
Edey, H.C. and Prot Panitpakdi [1956] "British Compamy Accounting and The Law 1844-1900", Littleton, A.C. and B.S. Yamey eds., *Studies in The History of Accounting*, London.
Edwards, J.R. & C. Barber [1979] "Dowlais Iron Company : Accounting Policies and Procedures for Profit Measurement and Reporting Purposes", *Accounting and Business Research*, Vol.9 No.34, Spring.
Edwards, J.R. ed. [1980] *British Company Legistlation and Company Accounts 1844-1976*, New York.
Edwards, J.R. ed. [1980] *British Company Legistlation and Company Accounts 1844-1976*, New York.
Edwards, J.R. and T. Boyns, [1992] "Industrial Organization and Accounting Innovation: Charcoal Ironmaking in England 1690-1783", *Management Accounting Research*, March.
Edwards, J.R., T.Boyns and M.Anderson [1995] "British Cost Accounting Development: Continuity and Change", *The Accounting Historians Journal*, Vol.22, No.2, December.
Edwards, J.R. & E. Newell [1994] "The Development of Industrial Cost and

Management Accounting before 1850", Parker, R.H. & B.S. Yamey, *Accounting History Some British Contributions,* Oxford.

FASB [1976] *An Analysis of Issues Related to Conceptual Framework for Financial Accounting and Reporting: Elements of Financial Statements and Their Measurement,* FASB Discussion Memorandum, USA. 津守常弘監訳[1997]『FASB財務会計の概念フレームワーク』中央経済社。

――― [1980] *Statement of Financial Accounting Concepts,* No.2 "Qualitative Characteristics of Accounting Information". 平松一夫，広瀬義州共訳[1994]『FASB財務会計の諸概念[改訳新版]』中央経済社。

――― [1984] *Statement of Financial Accounting Concepts,* No.6 "Qualitative Characteristics of Accounting Information". 平松一夫，広瀬義州共訳[1994]『FASB財務会計の諸概念[改訳新版]』中央経済社。

――― [2000] *Statement of Financial Accounting Concepts,* No.7 "Using Cash Flow Information and Present Value in Accounting Measurements".

Glamorgan County Record Office [1960] *Iron in The Making. Guide to Exhibition Held at County Hall,* Glamorgan County Records Committee.

Glamorgan Record Office, D/DG, E3 (ii).

Glasgow University Archives ed., *Business Records Guide,* UGD 91.

Greene, T.L. [1897] *Corporation Finance,* New York.

Hamilton, Robert [1788] *A Introduction to Merchandise,* Edinburgh, 2nd ed. (1st ed. 1977).

Haswell, Charles H. [1871] *Book-keeping by Double Entry,* New York.

Have, Onko Ten [1956] "Simon Stevin of Bruges", Littleton, A.C. and B.S.Yamey eds., *Studies in the History of Accounting,* London.

Hayes, Richard [1739] *Modern Book-keeping: or, The Italian Method Improved,* 2nd ed., London.

――― [1741] *The Gentleman's Complete Book-keeper,* London.

Heath, Loyd C. [1978] *Financial Reporting and Evaluation of Solvency,* AICPA. 鎌田信夫，藤田幸男共訳[1982]『ヒース財務報告と支払能力の評価』国元書房。

Hunter, W.W. [1912] *A History of British India,* Vol.1, London, New Impression.

Hutton, Charles [1771] *The School master's guide: or, A complete system of practical arithmetic and book-keeping, both by single and double entry, Adapted to the use of schools,* New Castle.

――― [1785] *A Complete Treatise on Practical Arithmetic; and Book-keeping Both by Single and Double Entry,* 7th ed., London.

IASB [2006] "Framework for the Preparation and Presentation of Financial Statements", par.82. 企業会計審議委員会 [2006]「財務諸表における認識と測定」23頁。
────[2010a] Chapter 3, FQC4. 翻訳 [2011]『国際財務報告基準 (IFRSs)』雄松堂。
────[2010b] *Conceptual Framework for Financial Reporting 2010.*
ICAEW [1975] *Historical Accounting Literature*, London.
Ittner, C.D. and D.F.Larcker [1998] "Innovations in Performance Measurement: Trends and Research Implications", *Journal of Research, Management Accounting*, Vol.10.
────[2001] "Assessing Empirical Research in Managerial Accounting: A Value-Based Management Perspective", *Journal of Accounting and Economics*, Vol.32 Nos.1-3.
Jones, Edgar [1987] *A History of GKN (Vol.1:Innovation and Enterprise, 1759-1918)*, Houndmills.
Jones, Edward Thomas [1796] *Jones's English System of Book-keeping, by Single and Double Entry*, Bristol.
Kelly, P. [1801] *The Elements of Bookkeeping*, London.
Lev. B. and F. Gu [2016] *The End of Accounting and the Path Forward for Investors and Managers*, Wiley. 伊藤邦雄監訳 [2018]『会計の再生 − 21世紀の投資家・経営者のための対話革命 −』中央経済社。
Littleton, A.C. [1933] *Accounting Evolution to 1900*, New York. 片野一郎訳 [1978]『リトルトン会計発達史［増補版］』同文舘出版，(初版1952年)。
────[1753] *Structure of Accounting Theory*, Illinois. 大塚俊郎訳 [1955]『会計理論の構造』東洋経済新報社。
Macghie, Alexander [1718] *The Principles of Book-keeping*, Edinburgh.
Macvie, Richard H. [2005] "The Evolution of Carron's Accounting", LSE working paper.
────[2014] "Fair Value vs Conservatism? Aspects of the history of accounting, auditing, business and finance from ancient Mesopotamia to modern China", *The British Accounting Review*, No. XXX.
Mair, John [1736] *Book-keeping Methodiz'd*, Edinburgh.
────[1773] *Book-keeping Moderniz'd*, Edinburgh.
Malcolm, Alexander [1731] *A Treatise of Book-keeping, or Merchant Accounts*, London.
Mayhew, Ira [1856] *A Practical System of Book-keeping by Single and Double Entry,*

New York.

Mellis, John [1588] *A Briefe Instruction and Maner how to keepe Bookes of Accompts*, London.

Mepham, Michael [1988] *Accounting in Eghteenth Century Scotland*, New York & London.

Monteage, Stephens [1675] *Debtor and Creditor made Easie: or A Short Balance of the Whole Leidger*, London.

Monti-Belkaoui, Janice and Ahmend Riahi-Belkaoui [1996] *Fairness in Accounting*, London.

Moss, Michael [1984] "Forgotten Ledgers, Law and The Business Historian: Gleanings from The Adam Smith Business Records Collection", *Archives*, Vol.1, No.72.

Pacioli Society and the South-Western Publishing Co. [1990] "Luca Pacioli Unsung Hero of the Renaissance", VHS Videocassette.

Paton, W.A. [1922] *Accounting Theory: with special reference to the corporate enterprise*, New York.

Parker, R.H. [1986] *The Development of the Accountancy Professsion in Britain to the Early Twentieth Century*, Exeter.

Parker, R.H. and B.S.Yamey eds. [1994] *Accounting History: Some British Contributions*, Oxford.

Parks, Tim [2006] *Medici Money: Banking, Metaphysics and Art in Fifteenth-Century Florence*, London. 北代美和子訳[2007]『メディチ・マネー：ルネサンス芸術を生んだ金融ビジネス』白水社。

Peele, James [1553] *The maner and fourme how to kepe a perfecte reconyng*, London.

―― [1569] *The Path waye to perfectnes, in th' accompts of Debitour and Creditour*, London.

Plantin, Guillaume, Haresh Sapra and Hyun Song Shin [2004] *Fair Value Reporting Standards and Market Volatility*, Working Paper, Carnegie Mellon University, University of Chicago and LSE, October, 2.

―― [2005] "Marking to Market, Liquidity, and Financial Stability", *Monetary and Economic Studies*, (Special ed.)

―― [2007] "Marking-to-Market: Panacea or Pandora's Box?", *LBS*, Univ. of Chicago and Princeton Univ.

Porter, Roy [1982] *English Society in the Eighteenth Century*, (Revised edition

1990), London. 目羅公和訳 [1996]『イングランド18世紀の社会』法政大学出版局。
Previts, Gary John ed. [1978] *Early 20th Century Developments in American Accounting Thought,* New York.
Previts, Gary John and Barbara Dubis Merino [1979] *A History of Accounting in America: an Historical Interpretation of the Cultural Significance of Accounting,* New York. 大野功一他訳 [1983]『プレヴィッツ=メリノ アメリカ会計史』同文舘出版。
Public Record Office, Rail 35 No.60 and 61, London.
Sabine, B.E.V. [1966] *A History of Income Tax,* London.
Schmalenbach, E. [1939] *Dynamische Bilanz (7 Aufl),* Leipzig.
Stevin, Simon [1608] *Vierde Stvck Der Wisconstighe Ghedachtnissen Vande Weeghconst,* Leyden.
Tagliente, Giovanni Antonio [1525] *Considerando io Ioanni Antonio Taiente, quanto e necessaria cosa a diversi mercatanti,* Venezia.
Taylor, E. [1944] "The Name of Pacioli", *The Accounting Review,* Vol.XIX No.1.
Watanabe, Izumi ed. [2014] *Fair Value Accounting in Historical Perspective,* Moriyama.
Yamey, B.S. [1956] "Edward Jones and the Reform of Book-keeping, 1795-1810", Littleton, A.C. and B.S. Yamey eds., *Studies in the History of Accounting,* Illinois.
―――― [1967] "Fifteenth and Sixteenth Century Manuscripts on the Art of Book-keeping", *Journal of Accounting Research,* Vol.5 No.1.
―――― [1978] *Essays on the History of Accounting,* New York.
―――― [1982] *A Further Essays on the History of Accounting,* New York & London.
―――― [1989] *Art and Accounting,* New Haven & London.
Yamey, B.S., H.C. Edey and H.W. Thomson [1963] *Accounting in England and Scotland: 1543-1800,* London.
Ympyn, Christofells Jan [1543] *Nouuelle Instruction,* Antwerpen.

天川潤次郎 [1966]『デフォー研究−資本主義経済思想の一源流−』未来社。
新井紀子 [2018]『AI vs. 教科書が読めない子どもたち』東洋経済新報社。
安藤英義 [2012]「会計史研究と現代会計」『会計史学会年報』第31号。
―――― 編著 [2018]『会計における責任概念の歴史−受託責任ないし会計責任−』中央経済社。

飯岡透，中原章吉共訳［1971］『資金会計論』同文舘出版。
石川純治［2011］『複式簿記のサイエンス』税務経理協会。
─── ［2018］『基礎学問としての会計学』中央経済社。
泉谷勝美［1980］『複式簿記生成史論』森山書店。
─── ［1997］『スンマへの径』森山書店。
伊藤邦雄，鈴木智英［2018］「対談：果たして『会計の再生』は可能か」『企業会計』Vol.70 No.12 。
入不二基義［2008］『時間は実在するか』講談社現代新書。
岩井克人［1992］『資本主義から市民主義へ』ちくま学芸文庫。
─── ［2006］『二十一世紀の資本主義論』ちくま学芸文庫。
岩崎　勇［2011］「IFRSの概念フレームワークについて」『會計』第180巻第6号。
─── ［2015］「IFRSの概念フレームワークについて―AAAのFASCの見解を中心に―」『経済学研究』第81巻第5・6合併号。
岩田　巌［1955］「（遺稿）二つの簿記学―決算中心の簿記と会計管理のための簿記―」『産業経理』第15巻第2号。
上野清貴［2006］『公正価値会計の構想』中央経済社。
─── ［2014］『会計測定の思想史と論理』中央経済社。
ヴェーバー，マックス著，大塚久雄訳［1989］『プロテスタンティズムの倫理と資本主義の精神』（改訳），岩波文庫。
海野力太郎［1886］『簿記学起原考』有隣堂他。
─── ［1899］『實用簿記法』春陽堂。
江村　稔［1953］『複式簿記生成発達史論』中央経済社。
大黒俊二［2006］『嘘と貪欲―西欧中世の商業・商人観―』名古屋大学出版会。
大森荘蔵［1996］『時は流れず』青土社。
─── ［1981］『流れとよどみ―哲学断章―』産業図書。
小栗崇資［2013］「貨幣資本・機能資本の分化と簿記会計の構造―単記式簿記から複式簿記への発展をめぐって―」『駒澤大学経済学論集』第45巻第1号別冊。
─── ［2014］『株式会社会計の基本構造』中央経済社。
カー，E.H.著，清水幾太郎訳［2011］『歴史とは何か』岩波新書，第79刷。
笠井昭次［2005］『現代会計論』慶應義塾大学出版会。
片岡義雄［1967］『増訂パチョーリ「簿記論」の研究［第二版］』森山書店。
椛田龍三［2013］「会計における二重の受託責任概念（目的）について」『大分大学経済論集』第65巻第2号。
─── ［2018］「英米における受託責任（会計責任）概念の歴史と諸相」安藤英義編著『会計における責任概念の歴史―受託責任ないし会計責任―』中央経済社。

河原　温［2006］『ブリュージューフランドルの輝ける宝石』中公新書。
岸　悦三［1975］『会計生成史―フランス商事王令会計規定研究―』同文舘出版。
木村　敏［1982］『時間と自己』中公新書。
久野光朗［1985］『アメリカ簿記史―アメリカ会計史序説』同文舘出版。
久保田秀樹［2013］「伝統的時価主義会計と公正価値測定」，渡邉泉編著『歴史から見る公正価値会計』森山書店。
グリーソン-ホワイト，ジェーン著，川添節子訳［2014］『バランスシートで読み解く世界経済史』日経BP社。
黒澤　清［1990］『日本会計制度発展史』財経詳報社。
小出裕章［2014］『原発ゼロ』幻冬舎ルネサンス新書。
河野美代子［2013］「政治を見る⑪広島大三村剛昴教授『涙の大演説』」miyoko-daiary.cocolog-nifty.com/blog/2013/01/post-3531.html
小島男佐夫［1971］『英国簿記発達史』森山書店。
―――［1973a］『簿記史』森山書店。
―――［1973b］「商品勘定の統括化と分割」『商学論究』第20巻第1号。
斎藤静樹［2012］「会計基準と基準研究のあり方―整合性・有用性・規範性」大日方隆編著『会計基準研究の原点』中央経済社。
斎藤静樹編著［2002］『会計基準の基礎概念』中央経済社。
―――［2007］『詳解討議資料 財務会計の概念フレームワーク』中央経済社。
齋藤寛海［2002］『中世後期イタリアの商業と都市』知泉書館。
清水廣一郎［1982］『中世イタリア商人の世界』平凡社。
白井佐敏［1961］『複式簿記の史的考察』森山書店。
末永國紀［1997］『近代近江商人経営史論』有斐閣。
曾田愛三郎編輯［1878］『学課起源略説』。
ソール，ジェイコブ著，村井章子訳［2015］『帳簿の世界史』文藝春秋。
高寺貞男［1971］『会計政策と簿記の展開』ミネルヴァ書房。
―――［1974］『明治減価償却史の研究』未来社。
―――［1982］『会計学アラカルト』同文舘出版。
―――［1988］『可能性の会計学』三嶺書房。
―――［1999］『利益会計システムの進化』昭和堂。
―――［2002］『会計と市場』昭和堂。
―――［2008］「市場の不完全さと市場価値会計の適用限界」『大阪経大論集』第59巻第2号。
高槻泰郎［2018］『大坂堂島米市場―江戸幕府VS市場経済』講談社現代新書。
滝浦静雄［1976］『時間―その哲学的考察』岩波新書。

田中章義[2010]「アメリカ会計学会の反省と教訓―実証会計学をめぐる問題―」『會計』第178巻第1号。
田中靖浩[2018]『会計の世界史』日本経済新聞社。
玉木俊明[2009]『近代ヨーロッパの誕生―オランダからイギリスへ―』講談社選書。
千代田邦夫[1994]『アメリカ監査論―マルチディメンショナル・アプローチ&リスク・アプローチ』中央経済社。
辻　厚生[1988]『改訂増補管理会計発達史論』有斐閣。
辻山栄子編[2018]『財務会計の理論と制度』中央経済社。
角ケ谷典幸[2009]『割引現在価値会計論』森山書店。
津守常弘監訳[1997]『FASB財務会計の概念フレームワーク』中央経済社。
徳賀芳弘[2002]『会計基準における混合会計モデルの検討』IMES Discussion Paper No.2011-J-19, 日本銀行金融研究所。
中島道義[2007]『「時間を」哲学する 過去はどこへ行ったのか』講談社現代新書。
中野常男編著[2007]『複式簿記の構造と機能―過去・現在・未来』同文舘出版。
西川孝治郎[1959]『複製・パチョーリ簿記論』森山書店。
―――[1971]『日本簿記史談』同文舘出版。
―――[1982]『文献解題 日本簿記生成史』雄松堂。
ニーチェ, フリードリヒ・ヴィルヘルム著, 三島憲一訳[1984]「遺された断層」『ニーチェ全集』第2期第9巻。
西村孝夫[1966]『イギリス東インド会社史論』啓文社。
野口翔平[2016]「19世紀イギリスにおける割引現在価値による資産評価の展開―土木技師との関係から―」『会計史学会年報』2015年度（第34号）。
野矢茂樹[2007]『大森荘蔵―哲学の見本』講談社。
橋本武久[2008]『ネーデルランド簿記史論』同文舘出版。
原　征士[1989]『わが国職業的監査人制度発達史』白桃書房。
原　丈人[2017]『「公益」資本主義―英米型資本主義の終焉』文春新書。
東奭五郎[1903]『新案詳解商業簿記』大倉書店。
―――[1908]『商業会計第壱輯』大倉書店。
久野秀男[1979]『英米(加)古典簿記書の発達史的研究』学習院。
平松一夫編著[2007]『国際財務報告論―会計基準の収斂と新たな展開―』中央経済社。
ピケティ, トマ著, 山形浩生・守岡桜・森本正史共訳[2014]『トマ・ピケティ21世紀の資本』みすず書房。
土方久[2008]『複式簿記会計の歴史と理論―ドイツ簿記の16世紀から複式簿記会計への進化』森山書店。

福澤諭吉譯［1973］『帳合之法 初編一，二』慶應義塾出版局。
───［1974］『帳合之法 本編一，二』慶應義塾出版局。
ヘーゲル，ゲオルク・ヴィルヘルム・フリードリヒ著，高峯一愚訳［1983］『ヘーゲル法の哲学 自然法と国家学』論創社。
───長谷川宏訳［2013］『歴史哲学講義（上）』岩波文庫，第26刷。
星川長七［1960］『英国会社法序説』勁草書房。
ボワイエ，ロベール著，山田鋭夫・坂口明義・原田裕治監訳［2011］『金融資本主義の崩壊－市場絶対主義を超えて』藤原書店。
本間輝雄［1963］『イギリス近代株式会社法形成史論』春秋社。
松本敏史［2008］「財務会計と管理会計の新たな融合－JSOX法，減損会計，包括利益概念の特徴を考える－」『會計』第173巻第5号。
三浦伸夫［2016］『フィボナッチ－アラビア数学から西洋中世数学へ－』現代数学社。
水野昭彦訳［2009］『福澤諭吉譯 帳合之法 全四巻現代語譯』高運堂印刷所。
茂木虎雄［1969］『近代会計成立史論』未来社。
山本義隆［2018］『近代日本150年－科学技術総力戦体制の破綻』岩波新書。
レブ，バルーク＆フェン・グー，伊藤邦雄監訳［2018］『会計の再生』中央経済社。
渡邉　泉［1983］『損益計算史論』森山書店。
───［1993］『決算会計史論』森山書店。
───［2005］『損益計算の進化』森山書店。
───［2008a］『歴史から学ぶ会計』同文舘出版。
───［2008b］「現代会計の落とし穴－歴史からみる会計の本質－」『会計史学会年報』第27号
───［2010］「取得原価主義会計と公正価値－市場原価による測定の位置づけ－」『會計』第178巻第3号。
───［2012］「行き過ぎた有用性アプローチへの歴史からの警鐘」大阪経済大学ワーキングペーパーシリーズ，No.2012-1, April。
───［2014］『会計の歴史探訪－過去から未来へのメッセージ』同文舘出版。
───［2016］『帳簿が語る歴史の真実－通説という名の誤り』同文舘出版。
───［2017］『会計学の誕生－複式簿記が変えた世界』岩波新書。
───編著［2013］『歴史から見る公正価値会計』森山書店。
渡辺宗煕編［1977］『ある会計人の半生：東奭五郎自伝』非売品。

索 引

あ 行

AI技術 ················· *166, 173*
AIの発展 ················· *175*
ICAEW ················· *19, 134*
ICAS ················· *19, 134*
アインシュタイン ················· *139*
アカウンタビリティ ················· *119*
アカデミー ················· *55*
アメリカ会計学会 ················· *83*
アメリカ基準 ················· *137*
アルベルティー商会 ················· *73*
アンダーソン ················· *29, 33*

意思決定有用性 ················· *24, 107*
意思決定有用性アプローチ ·· *46, 91, 128*
インピン ················· *12*

失われた信頼 ················· *86*
海野力太郎 ················· *30*

英蘇合併 ················· *55*
エクスチェッカー ················· *111*
似而非科学 ················· *141*
絵にかいた餅 ················· *133*
エンロン ················· *107, 157*
エンロン等の不正会計処理 ········· *84*

か 行

会計学者の責任（責務） ········ *143, 163*

会計学の終末論 ················· *160*
会計上の説明責任 ················· *118*
会計責任の履行 ················· *89*
会計の原点 ················· *62*
会計の根幹 ················· *160*
会計の利益計算構造 ················· *87*
会計ビッグバン ················· *101*
会社法の制定 ················· *19*
外部報告 ················· *85, 89, 117, 153*
科学者の責任 ················· *139-142*
科学的合理主義 ················· *162*
過去会計 ················· *92, 104, 117*
過去情報 ················· *102*
貸方 ················· *75*
貸倒損失の計上 ················· *6*
家族組合 ················· *3*
価値関連性 ················· *85, 98, 149, 158*
価値計算機能 ················· *107*
學課起源署説 ················· *28*
株式市場の流動性 ················· *156*
貨幣金融体制 ················· *156*
カポディモンテ美術館 ················· *8*
神への誓いの文言 ················· *69, 70*
借方 ················· *75*
勘定間の閉ざされた体系的組織 ··· *47, 72*
簡便法 ················· *16*
管理運用 ················· *110, 117*
管理計算機能 ················· *107*
管理保全 ················· *110, 117*

期間組合 ……………………………… *4, 48*
期間損益計算 ……………………… *2, 73*
企業価値計算 ………………………… *101*
擬人化 …………………………………… *80*
擬人法 ………………………………… *111*
機能資本家 …………………………… *115*
逆流現象 ………………………………… *91*
キャッシュ・フロー計算書 ………… *19*
狭義の会計 ……………………………… *76*
銀行簿記精法 …………………………… *27*
金融危機 ……………………………… *155*
金融資本 ……………………………… *149*
金融資本主義 …………… *135, 150, 154*
金融派生商品 ………………………… *149*

口別損益計算 …………………………… *4*
組合［企業］…………………………… *6*
グラマー・スクール ………………… *55*
クリーン・サープラス関係 ………… *59*
グレシャム ……………………………… *70*
グローバル・スタンダード ………… *101*
黒字倒産 ……………………………… *170*

経営内部 ………………………………… *89*
経済的格差 ……………………… *86, 139*
経済的合理主義 ……………………… *127*
経済的便益 …………………………… *123*
結果計算 ………………………………… *76*
ケリー …………………………………… *32*
原因計算 ………………………………… *76*
現金の収支記録 ………………………… *76*
現在会計 ……………………………… *104*
実現概念 ……………………………… *133*

検証可能性 ……………… *45, 64, 83, 107*
減耗償却 ………………………………… *94*

公益資本主義 ………………………… *154*
後期先駆的期間損益計算 ………… *5, 73*
広義の会計 ……………………………… *76*
交互計算 ………………………………… *77*
公正価値 ………………… *60, 148, 151, 153*
公正価値計算の落し穴 ……………… *149*
公正価値測定の公開草案 ………… *136*
公正証書 ……………………………… *2, 68*
公的な外部報告 ……………………… *145*
効率的市場仮説 ……………………… *147*
ゴーン・ショック …………………… *86*
国際会計基準 ………………………… *137*
コトルリ ………………………………… *9*
コルビッチ商会 ………………… *73, 130*
混合測定会計 …………… *64, 99, 168*
コンバージェンス …………………… *137*

さ 行

債権債務の備忘録 …………… *2, 67, 127*
最古の勘定記録 ………………… *5, 110*
財産管理人 …………………………… *112*
財産保全機能 ………………………… *107*
財務会計の管理会計化 ………… *64, 94*
先物取引 ………………………………… *95*
サブプライム …………… *84, 107, 157*
産業資本主義 ………………………… *135*
3大商会 ………………………………… *88*
残高帳 …………………………… *18, 131*
3分割 …………………………………… *13*
三方よし ………………………… *9, 142*

時価 …………………………………… *60*
時価による評価替え ……………… *51, 84*
時間 …………………………………… *61*
資金の内部留保 …………………… *22*
資産負債アプローチ ……………… *136*
資産負債(中心)観 ………………… *59*
事実にもとづく説明責任 ………… *120*
市場価値 ……………………………… *152*
市場価値測定の限界 ……………… *64*
市場の情報効率性 ………………… *152*
市場の不完全さ …………………… *147*
実現概念 ……………………………… *133*
実現利益 ……………………………… *171*
実用簿記 ……………………………… *17*
私的な内部報告 …………………… *145*
資本主関係 ………………… *109, 114*
資本主義の精神 …………………… *162*
資本の状態表 ……………………… *103*
市民主義 ……………………………… *154*
シャンド ……………………… *25, 27*
収益認識 ……………………… *133, 172*
修正国際会計基準 ………………… *137*
受託責任 …………… *108, 115, 117, 122*
取得原価主義のほころび ………… *49*
商業会計・第壱輯 ………………… *37*
商品勘定の純化 …………………… *13*
情報提供機能 ……………………… *107*
情報の信頼性 ……………………… *122*
情報の非対称性 …………………… *158*
将来キャッシュ・フロー ………… *132*
将来の経済的便益 ………………… *123*
将来予測にもとづく説明責任 …… *120*

所得税法 ……………………………… *10*
新案詳解商業簿記 ………………… *37*
シンギュラリティ ………… *166, 173*
シングル・エントリー …… *16, 78*
真正科学 ……………………………… *141*
信用[取引] …………………………… *6*
信頼性 …… *19, 45, 64, 69, 107, 159, 163*
信頼性会計 ………………………… *123*

スチュワードシップ …………… *110*
スティブリー石炭製鉄会社 …… *94, 96*
ステフィン …………………… *12, 103*
ストック …………………… *74, 129, 168*
スンマ ………………………………… *9*

生成要因と役割 …………………… *116*
責任の受託 ………………………… *112*
責任の履行 ………………………… *112*
説明責任 ……………………………… *108*
前期先駆的期間損益計算 ……… *5, 73*
先駆的期間損益計算 ……………… *1, 4*

荘園会計 ……………………… *109, 111*
測定属性の違い …………………… *88*
曾田愛三郎 ………………………… *28*
その他包括利益 …………………… *132*
損益計算機能(の内在) ……… *75, 107*
損益計算書 ………………………… *18*
損益表 ………………………………… *103*

た　行

貸借対照表 ………………………… *18*
貸借対照表の先駆け ……………… *131*

代理人［業務］ …………………………… 6
代理人簿記 ……………………………… 111
ダ・ヴィンチ ………………………………… 8
ダウライス製鉄石炭会社 ………… 19, 50
ダティーニ商会 ………………………… 73
ダブル・エントリー …………………… 78
単一3帳簿制 …………………………… 13
単式記帳 …………………………… 15, 17, 77
単式簿記 ……………………………… 74, 78

チャージ・ディスチャージ報告書 … 111
チャットフィールド …………………… 113
忠実な表現 ……………………………… 124
帳合之法 …………………………… 15, 25, 79
帳合法 ……………………………………… 25

ディープラーニング ………… 166, 175
ディスチャージ ……………………… 109
出口価格 ………………………………… 151
デフォー …………………………… 15, 77
伝統的な会計の枠組 ………………… 99

ドゥ・ルーヴァ …………………………… 6
特殊仕訳帳制 …………………………… 13

な 行

内部報告 ……………………… 85, 117, 153
南海泡沫事件 ………………………… 18

日本基準 ………………………………… 137

年次決算 ………………………………… 12

は 行

パチョーリ ………………………………… 7
発生主義 …………………………… 50, 170
発生主義会計の限界 ………………… 21
発生主義会計の問題点 ……………… 89
バッター ………………………………… 123
ハットン …………………………… 17, 77
ハミルトン ……………………………… 57

非会計情報 ………………………… 98, 121
比較貸借対照表 …………………… 21, 51
東奭五郎 ………………………………… 37
ピケティ …………………………… 138, 143
ビランチオ ……………………………… 48
貧困や差別化 ………………………… 139

フィンレイ商会 …………………… 18, 131
ブース …………………………………… 31
フェアーな価値 ……………………… 153
フォーディズム ……………………… 156
不完全な複式簿記 …………………… 78
復元可能性 ……………………………… 95
福澤諭吉 …………………………… 15, 25, 79
複式簿記 …………………………… 74, 76
複式簿記の完成 ……………………… 72
複式簿記の簡便法 ………………… 77, 79
複式簿記の生成要因 ……………… 6, 113
不正な会計処理の温床 ……………… 91
フロー …………………………… 74, 168
プロテスタンティズム ……………… 127
プロパライアターシップ …………… 113
粉飾 ……………………………………… 104

文書証拠 …………………………… *23, 67*
文書証拠から損益計算 ………………… *72*

ヘイズ ………………………………… *53*
米中貿易摩擦 …………………………… *155*
ベックマン …………………………… *40*

包括利益 ……………………………… *138*
簿記会計の本質 ………………………… *23*
簿記学起原考 …………………………… *30*
簿記生成のキーワード ………………… *87*
ポスト金融資本主義 ………… *146, 159*
本式 …………………………… *15, 79*

ま 行

マルコム ……………………………… *52*

三つの損益計算システム ……………… *4*
三村剛昴 ……………………………… *139*
未来会計 …………………… *104, 117*
未来情報 ……………………………… *102*

無機能資本家 ………………………… *115*

メイヤー ……………………………… *55*

目的適合性 …………… *46, 64, 83, 107*
モンティージ …………………………… *57*

や 行

有用性 ………………………… *46, 64*
有用性偏重 …………………………… *128*
用益潜在力 …………………………… *123*
予想の無限の連鎖 …………… *60, 100*

リーマン・ショック ………… *85, 107*
利害調整機能 ………………………… *107*
リサイクリング ……………………… *137*
リトルトン …………………… *11, 111*
略式 …………………………… *15, 79*

わ 行

割引現在価値 ……………… *94, 97, 153*

あ と が き

　恐らくこれが最後の仕事になるだろうと思いつつ，ここまで書き進めてきた。大した仕事が出来なかったのは，誰よりも自分自身が一番よくわかっている。それでもなお，これまで背負ってきた抱懐をどうしても世に問わなければとの思いに駆り立てられて書き下ろしたのが本書である。そんな思いにさせたのは，会計が専門ではない古くからの友が，先に上梓した『会計学の誕生』(岩波新書，2017年)を繰り返し読んで，「現代会計が抱える問題点は分かった。では，それに対して，会計はどう応えていくんだ」と迫られたからである。物書きの悲しい性であろうか，この問いかけに応えねば，これまでの積み重ねが瓦解する。そんな気持がよぎって，蛇足になるのを覚悟の上で，最後にもう一度筆を取ることにした。さて，この小著で彼や彼と同じ思いを抱く人たちに，少しでも応えることができたであろうか。

　学問とは，真理の探究であるとよくいわれる。この真理は，一般的には形而上学的真理を指すことが多く，あるがままの姿(客観)を正確に認識(主観)することを意味している。すなわち，客観と主観の一致が真理であると。しかし，果たして，あるがままの姿は，一つなのであろうか。異なる個人がそれぞれに認識した姿は，異なって映っているかも知れない。では，異なる写像のうちのどの姿が真の姿だというのであろうか。

　ここで自然科学に代表される科学的実証主義が登場してくる。あるがままの姿を再現するため，繰り返し繰り返し，様々な手法で対象を認識し，一つ一つ，1回1回実証して，やがて一つの結果に収斂させていく。この収斂した一つの結果によって得られた事象が真の現実世界であると考えるのが近代科学である。このアプローチが近代科学における実証研究である。われわれ会計学の分

野でもポジティブ・セオリーと呼ばれる接近法がある。昨今の会計研究のアプローチを見ると，このポジティブ・セオリーがまるで会計研究のデ・ファクト・スタンダードになったような錯覚さえ覚えてしまう。

　会計学における歴史研究は，最もプリミティブな意味で実証研究のはずなのであるが，昨今の実証花盛りの状況下では，歴史という手間暇のかかる基礎研究の重要性になかなか気づいてもらえない。同じ道を歩いていたのでは，辿り着く答えは一つで，決して新しい発見に出会うことなどありえないのに。ポジティブ・セオリーは，現状の様々な現象の実証分析からスタートする。そのため，どうしても現状肯定で終息してしまう傾向が強くなる。しかし，学問のすべての出発点は，否定から始まる。現状を否定してこそ，新たな展望を見出すことができ，そこにこそ学問する意義がある。若き研究者は，このことをしっかりと胸に刻んで欲しい。

　歴史にしろ理論にしろ，基礎理論という代物は，すぐの成果を期待できない。ただ，長くて無駄とも思われる繰り返しが要求されるだけである。いつか手にすることができるであろうと，かすかな期待を持ちながら無償の行為を反復する。研究生活というのは，所詮そんなものである。一生かけて歩いて来た道が，気がつけば行き止まりで，さりとて今更，引き返すこともかなわず，途方に暮れてしまう。そんな一生であったのかも知れない。それでも自分が選んだ道なので是非もない。そんな思いを持ちながら，最後の筆を置くことにする。一茶ではないが「これがまあ　終の旅路か　露時雨」といった心境である。

　最後に一言。本書は，当初新書版での出版を想定して原稿のまとめ作業に取りかかった。しかし，加筆修正を重ねる中で，内容がいささか専門的になってきたため，新書での発刊は無理と判断し，経営・会計の専門の出版社である森山書店にお願いすることにした。そのため，単行本としてはいささかボリューム的に物足りなさを感じ，いくつかの章を加筆しようかとも考えた。しかし，その結果，内容がかえって散漫になってはとの思いで，加章は，控えることに

した。

　今一つ，拙著に対して繰り返しが多いとの批判をいただくことがある。言われてみるとその通りである。本書においても反復箇所がいくつも散見される。しかし，いいわけじみて恐縮ながら，研究とりわけ歴史研究というものは，未知の階段を1歩上っては逡巡し，また気を取り直して1歩登る。そんな繰り返しである。丁度，同心円を少しずつ膨らませていくようなもので，コアの部分がぶれていたのでは，学にはならない。昨日までの成果に今日新たに分析した史料の成果を重ね合わせ，そこで新たな展開を紡ぎ出す。極めて退屈な作業である。小説のように前作と全く違った内容を，面白おかしく書き下ろすことなど，所詮できない相談である。その結果，前の成果に上塗りを重ねながら次の展開を模索するといったあまり変わり映えのしない繰り返しが多い内容になりがちである。しかし，同じように思えても，厳密に読み進めていけば，前作とは違う新たな内容が加わっていることに気づくであろう。確実に進化しているのである。学術書とはそんなものだと承知して，ご容赦頂きたい。

　なお，昨今の厳しい出版事情の中，しかも退職して久しい著者の上梓を快く引き受けていただいた森山書店の菅田直文社長には，心よりお礼申し上げねばならない。さてさて，夢のまた夢ではあるが，ベストセラーにでもなればいくらかは恩返しになるのだがと埒もないことを思い浮かべている。

　キュー・ガーディンに黄色いラッパ水仙が咲くころには，本書も街の書店に並んでいるであろうか。

　　2019年仲春　越し方に想いを込めて

渡邉　泉

各章の初出について

　本書は，これまでの著者の研究足跡に直近の思いを付け加えて著したものである。そのため，総ての章の初出を明確に記すことはできないが，第2章は「歴史を論述したわが国最初の会計文献－明治に学ぶIFRS導入の一つの道標」『企業会計』Vol.61 No.10（2009年），第7章は『産業経理』Vol.78 No.2（2018年），第9章は『會計』第194巻第1号（2018年）の同名論文に大きく加筆修正を加えたものである。また，その他の章は，『損益計算の進化』（森山書店），『会計の歴史探訪－過去から未来へのメッセージ』（同文舘出版）や『会計学の誕生－複式簿記が変えた世界』（岩波新書）等の既刊の拙著が基盤になっている。

著者紹介

渡邉　泉（わたなべ　いずみ）

【著者略歴】
1943年：神戸市に誕生。1968年：関西学院大学商学部卒業，1973年：同大学大学院商学研究科博士過程単位取得。1974年：大阪経済大学経営学部専任講師，助教授，教授を経て現在名誉教授，商学博士。その間，日本会計史学会会長，大阪経済大学学長を歴任，現在学校法人大阪経済大学評議員。日本会計史学会賞（『決算会計史論』），日本簿記学会賞（『会計学の誕生』）受賞。

【主著】『損益計算史論』森山書店，1983年。『決算会計史論』森山書店，1993年。『損益計算の進化』森山書店，2005年。『歴史から学ぶ会計』同文舘出版，2008年。『会計の歴史探訪—過去から未来へのメッセージ』同文舘出版，2014年，『帳簿が語る歴史の真実—通説という名の誤り』同文舘出版，2016年，『会計学の誕生—複式簿記が変えた世界』岩波新書，2017年，『会計基礎論（新訂版）』（編著）森山書店，2010年。『歴史から見る公正価値会計』（編著）森山書店，2013年。*Fair Value Accounting in Historical Perspective,*（edited），Moriyama Shoten, 2014. Witzel, M. ed., *Biographical Dictionary of British Economists,* Vol.1, 2, Bristol, 2004. 他。

会計学者の責任 —歴史からのメッセージ—

2019年6月15日　初版第1刷発行

著　者	Ⓒ渡邉　泉
発行者	菅田　直文
発行所	有限会社　森山書店　〒101-0048　東京都千代田区神田司町2-17 上田司町ビル

TEL 03-3293-7061 FAX 03-3293-7063　振替口座 00180-9-32919

落丁・乱丁本はお取りかえします　印刷／製本・シナノ書籍印刷

本書の内容の一部あるいは全部を無断で複写複製することは，著作権および出版社の権利の侵害となりますので，その場合は予め小社あて許諾を求めてください。

ISBN 978-4-8394-2176-2